Die Legkaart

Deel 1

My pa se genesing van kanker

Lijlanie

Die Legkaart

Deel 1

My pa se genesing van kanker

Gedruk in Nieu-Seeland

Deur
Customer Focused Solutions Ltd.
Level 1, 36 Paramount Drive, Henderson 0610

Kopiereg © Lijlanie Stander 2022
Proeflees deur Philip Langenhoven info@pl-freelance.com
Voorbladfoto deur Marlise Meyer Photography
Buitebladontwerp deur Michelle Hugo michelle.hugo93@gmail.com
Hulp met finale afronding Marcel Versfeld www.worxinu.com
ISBN 978-1-99-118720-8 (sagteband)
ISBN 978-1-99-118721-5 (e-boek)

www.lijbeatslympho.com

Skrifaanhalings is geneem uit:

Die Bybel (AFR83), Nuwe Vertaling (met herformulerings), Bybelgenootskap van Suid-Afrika, Sesde uitgawe 1986, Vierde druk 1992, met toestemming.

Die Bybel in Afrikaans 1953. Die Bybelgenootskap van Suid-Afrika. Hersiene uitgawe. 1964, met toestemming.

The Holy Bible, New International Version. Fully revised edition. 2002. Grand Rapids: Zondervan, met toestemming.

The Message – New Testament with Psalms and Proverbs by Eugene H Peterson. Ninth Print 2001. Gepubliseer in Suid-Afrika deur Christian Art Publishers, met toestemming.

De Heilige Schrift, NBG-vertaling 1951, met toestemming.

Amplified Bible, Classic addition (AMPC). Kopiereg © The Lockman Foundation, met toestemming.

Good News Translation. Today's English Version. Second Edition. 1992 American Bible Society. Met toestemming.

Holy Bible, King James Version (KJV). Publieke domein.

The Apologetics Study Bible, HCSB. Kopiereg © 2007 Holman Bible Publishers. Met toestemming.

The Holy Bible, English Standard Version. ESV® Text Edition: 2016. Kopiereg © 2001 Crossway Bibles, a publishing ministry of Good News Publishers. Met toestemming.

Skrifaanhalings gemerk NLV is geneem uit die *Die Familie Bybel, Nuwe Lewende Vertaling (NLV)*. © 2006, 2011. Gebruik met toestemming van Christelike Uitgewersmaatskappy, Posbus 1599, Vereeniging, 1930. Alle regte voorbehou.

Skrifaanhalings gemerk DB is geneem uit die *Die Boodskap (DB)*. © 2002. Gebruik met toestemming van Christelike Uitgewersmaatskappy, Posbus 1599, Vereeniging, 1930. Alle regte voorbehou.

Opgedra aan my pa

"The truth is like a lion.

You don't have to defend it.

Let it loose.

It will defend itself."

~ Saint Augustine ~

Erkennings

Heel eerste, bo alles, alle dank aan ons Drie-Enige God. Hy is die Bron, die Inspirasie, die Opdraggewer van hierdie boek. Aäron en Hur, sonder wie ek nooit hierdie laaste vier jaar sou kon deursien nie. My kinders, kleinkind en my man, wat net dáár was deur die donkerste tyd in my lewe. My geloofsfamilie, kleintyd-vriende en al die vriende wat later bygekom het en my hierdie laaste vier jaar in hul gebede gedra het. Oom Louw, my pa se kleintydmaat en hartsvriend, wat my verantwoordbaar gehou het met die skryf van elke hoofstuk en wie se ondersteuning vir my van onskatbare waarde is. Marlise Meyer en gesin vir die neem van die voorbladfoto. Marcel Versveld vir hulp en raad met die finale afronding. Laastens en in die voetspore van ons Hemelse Vader – my ouers, Chris en Petro Viljoen. Julle is, naas God, die fondamente waarop my waardes en menswees gebou is. Ek sal julle altyd eer. Mamma het my van kleintyd af aangemoedig om 'n boek te skryf en Pappa het my die deursettingsvermoë geleer om dit enduit te voer. Mag 'Die Legkaart' jul nalatenskap eer.

Voorwoord

Met fyn besnaarde waarneming en eerlike insig slaag Lij om baie naby, sensitiewe en diep gewortelde emosies bloot te lê in 'n verhaal wat haar eie is.

Sy probeer nie ontsnap nie en maak die leser 'n pelgrimsgenoot met waagmoedige introspektiewe getuienis.

Die vasvang van soms kinderlike emosies en klein kosbare grepies uit 'n kleintyd skep 'n atmosfeer vir die teater waar felle geestelike oorlog tot brandpunt gevoer word. Dit is juis die onverbloemde getuienis wat integriteit, besondere talent en genade gawe in een snoer om geloofwaardige padkos vir die soms tam reisgenoot te wees.

Die komplekse omstandighede maak die menslike verhaal eiesoortig. Die besondere band tussen vader en dogter wat saam deur die louterende smeltkroes gaan is aangrypend en kosbaar. In besonder vir my wat Chris se vriendskap van jeugtyd af kon deel en sy besondere hegte omarmende liefde vir sy gesin beleef en verstaan het.

Ongeag eie onvolledigheid en menslike swakheid getuig Lij dat die Almagtige in beheer is en aan alles en almal wat hom aankleef Genade betoon.

Daarom mag jy in gelowige vrymoedigheid vra dat, Here, dit asseblief sal reën waar my skape wei...

Welgedaan en innige dank.

Met beste wense,
Louw du Toit
Nylsoog
Oktober 2022

Ode aan Aäron

My beterhelfte.

My voice of reason when I don't want to reason anymore.

My shoulder to cry on; my strength when I'm weak.

My look-alike. My ander ek…

Hoe sou ek hierdie pad ooit sonder jou kon loop?

"En God het gesien dat dit nie goed was dat sy alleen was nie"

Toe maak Hy vir my een soos ek – my ewebeeld – my gelyke.

Een wie se gees met myne resoneer.

Een wie oorlog voer soos ek oorlog voer,

glo soos ek glo, hoop soos ek hoop…en rou soos ek rou.

Aäron – my stem wanneer ek te swak is om self te praat.

Aäron – die een wie my arms hoog hou.

Aäron - wie haar staf op die grond gooi om 'n slang te word

wat al die slange opeet wie my bedreig.

Aäron – bloed van my bloed.

Aäron – die een by wie ek geen filters hoef te hê nie.

En al is ons deur oseane geskei

bly jy steeds net 'n nano-sekonde ver

en spring ons gedagtes in kwantum fisika terme

tussen mekaar met zero-tydsverloop…

Inhoudsopgawe

Hoofstuk 1

Die Hek

Vrydagaand, 12 April 2019. *Family Movie Night*! Die oond gee 'n biep-geluid om aan te dui dat die geprogrammeerde hitte bereik is en ruk my gedagtes terug van my rivierhuis na waar ek in my nuwerwetse kombuis in my nuwe huis staan.

"Ag nee, Mamma, ek gaan nou vir Pappa bel om te hoor hoe laat hy by die huis gaan wees," kom die ongeduldige stemmetjie van my amper-tienerdogter. Niki gryp haar selfoon ewe kordaat en ek hoor die sagte gelui in die agtergrond. Ek tuur na buite en sien hoe Die Verfkwas die wolke pienk begin inkleur. Dit is my gunsteling tyd van die dag. Daardie stil tyd wanneer die voëltjies stil-stil begin neswaarts keer en die krieke nog nie mooi wakker is nie.

"*Dad, what time will you be home?*" onderbreek 'n stemmetjie my gedagtegang.

"*What?...*" klink die astrante stemmetjie ewe verontwaardig.

"Nie '*what*' nie, Niki! '*I beg your pardon, Dad*'" korrigeer ek outomaties. Hoewel Afrikaans en Engels vrylik en deurmekaar in ons Afrikaner-Kiwi-huis vloei, poog die taalpuris en *homeschool*-mamma in my om seker te maak dat elke taal korrek (en met die nodige respek!) gepraat word.

Met rollende ogies en 'n sugtende stem korrigeer sy haarself (wel, in haar eie woorde): "*Sorry, Dad, I didn't hear what you said?...Vyf minute?...Ok, Mom's putting the pizzas in the oven now...Ok, see you in four minutes...Bye.*"

"Ek dog Pappa sê vyf minute?" vra ek met 'n vonkel in my oog.

"Ja, maar ons het mos nou vir 'n minuut gepraat vandat hy gesê het *five minutes*," redeneer sy.

"Nou toe, kry solank vir ons borde reg. Dis nou drie minute," knip-oog ek.

"Ek sal nou, Ma, ek wil net eers solank *Showmax* regkry," kom die antwoord.

Ek loer deur die oondvenster en skud my kop terwyl ek self die borde uit die laai haal. My liefkind. Altyd haar eie orde van dinge doen. Altyd besig om te dink of daar nie 'n beter manier is om iets te doen nie. 'n Wonderlike eienskap om te hê – solank dit nie van 'n kind af kom wat jy probeer grootmaak nie!

Uit die hoek van my oog sien ek die E550 by die oprit indraai. *"Mom, Daddy's home!"* en 'n warrelwind swiep by my verby om die dag se nuus met haar pa te deel nog voor sy motor behoorlik stilgehou het.

'n Paar minute later is almal klaar gegroet, met 'n pizza op die skoot en *Showmax* op *pause*. *"So, Dad, what was your high?"* Dis duidelik dat sy skaars kan wag om haar eie hoogtepunt van die week te deel, maar haar self-opgelegde orde bepaal dat ons van oud na jonk moet gaan.

"Wat van ons bid net eers vir die kos, voordat dit koud word en dan kan ons begin met *highs* en *lows*," stel ek glimlaggend voor. Ons neem hande en dank God vir die week wat verby is, alles wat ons het, dat ons Vader met die kindertjies sal wees wat nie so bevoorreg is om nou sulke lekker pizzas te kan geniet nie en dalk honger magies het.

Ek kan nie help om te dink aan die straatkinders buite die diskoteek Masquerades waar ons as arm studente pizzas verkoop het met behulp van 'n mobiele pizza-oond nie. Hulle het eintlik kom geld bedel, maar ons het geweet hulle gaan dit net gebruik om nog gom te koop. Om 'n pizza weg te gee, het nie ons winsmarge te veel versteur nie. Darem het dit 'n paar straatkinders 'n rukkie langer van die gom af gehou en iets in hul magies gesit.

"Mom! We're waiting for your low?" ruk Niki se woorde my terug na die werklikheid. Ons deel die week se hoogtepunte en laagtepunte terwyl ons aan ons tuisgebakte pizzas smul. Nie lank nie of 'Getroud met Rugby' se bekende deuntjie begin speel en ons leef onsself in al die nuwe intriges van die Bekker-gesin en kie in.

5.23nm lui my foon. Maar dit lê op die kas in die kombuis en die klank is af. Ek hoor dit nie.

Kort daarna vibreer my man se foon. Ek sien hy loer na die nommer, maar steur my nie veel daaraan nie. As 'n reël antwoord ons nie oproepe tydens *Family Movie Night* nie. Skielik gee hy vir my sy foon: "Dis jou sussie."

Skrik vat koud om my hart. Lin sal my net op my man se foon bel as sy my nie in die hande kan kry nie en dit baie dringend is. Boonop laat oproepe uit Suid-Afrika – half ses die aand Nieu-Seeland tyd op 'n weeksaand – 'n mens vinnig skrik, want te dikwels was die Afrika-nag weer wreed gewees...*Lin is veronderstel om nou by die skool te wees. Hoekom sal sy my nou bel?*

"Hallo, Sus!" groet ek bly, dog versigtig.

"Sus, moenie skrik nie," kom haar bewerige, paaiende stem. Probeer sy my, of haarself kalmeer?

"'n Staalhek het op Pa se kop geval," breek sy die skokkende nuus.

"Nee!" gil ek. Ag, Here! My pa!

"Pappa...is oukei. Hy is op die oomblik nog by ongevalle. Hulle is nog besig om die sny toe te werk. Hy is net baie deurmekaar." Haar stem breek en ons albei huil.

"Wat het gebeur, Sus?" vra ek terwyl duisend gedagtes en scenario's deur my kop maal. Ag, Here! My pá!

"Pa sluit mos gewoonlik halfsewe soggens die winkel oop. Ek was besig om die kinders reg te kry vir skool, toe 'n man my van Pa se foon af bel. Hy het net gesê die hek het op Pa se kop geval en ek moet gou kom. Sus, toe ek daar aankom was daar soveel bloed! Die mans het gehelp om Pappa in my kar te kry en gesê ek moet hospitaal toe jaag. Ek is nou op pad terug winkel toe om te gaan uitvind wat gebeur het. Ek wou jou net eers bel." Lin bly 'n oomblik stil en ek hoor haar hard asemhaal.

Soveel gate in die storie. *Waar's my ma? Hoe het die hek op Pa se kop beland? Hoekom het die man... wie is die man? Hoekom het hy my sussie gebel en nie my ma nie? Wie is nou by my pa?*

"Waar's Ma?" hoor ek myself vra.

"Sy is nou by Pa. Hulle kon Ma nie in die hande kry nie, toe sê Pa hulle moet my bel. Gelukkig het hy nie sy bewussyn verloor nie en kon hy vir hulle sê wie om te bel. Ek het Ma van die hospitaal af gebel."

Darem het Lin mooi kop gehou toe sy die oproep kry en nie tyd gemors om eers my ma te gaan soek nie. Hulle bly reg langs mekaar, maar my ma sou dalk daardie tyd van die oggend in die stort gewees het. Wie is die man?

"Sus, Pa is baie deurmekaar. Ek dink sy skedel is gekraak, want dis 'n baie lang en baie diep sny," breek haar stem weer.

Die geestelike kryger in my neem skielik oor. "Nee," sê ek baie ferm. "Sy skedel is nie gekraak nie! Daarvoor is hy heeltemal te hardekop! Ons spreek lewe. Hy gaan nie eers kopseer hê nie!"

Dadelik staan die kryger in Lin ook op. Ons kom ooreen om lewe te spreek. "Ek bel jou sodra ek meer weet," belowe Lin.

Die oomblik toe ons aflui, sak ek lam op die rand van my bed neer. Ek word stil. "Praat met my, Here?" Die klein dogtertjie in my wil histeries begin huil, maar die oudste dogter in my moet nou sterk staan vir my familie en hoor wat die God van die engele-weermag sê.

Ek wag. Stilte. Ek hou my asem op. Asof vanuit die verte kom die Stem vanuit die Ewigheid wat was en wat is en wat reeds die toekoms ken: "Ek self gee jou die opdrag. Wees sterk, wees vasberade. Moenie skrik nie, moenie bang wees nie, want Ek, die Here jou God, is by jou oral waar jy gaan."[1]

'n Intense vrede oorval my. Meteens wéét ek: my pappa gaan oukei wees!

"Gee hierdie boodskap aan jou pa, sodat hy kan weet: Ek is met hom. Hy sal oukei wees." Hierdie is een van die kere wat ek God se stem uitdruklik kan hoor. Dit is asof my gees my van hier waar ek op my bed sit, konnekteer met die geestelike dimensie waar God se Stem hoorbaar is. "Onthou, Lijlanie, My Gees tree vir julle in met onuitspreeklike versugtinge. Nie net My Gees nie, maar Jesus

Christus self – die Jesus wat gekruisig was, maar meer nog, wat Ek uit die dood opgewek het, sit aan die regterhand van God en tree ook vir julle in, ooreenkomstig die wil van die Vader."[2]

Ek laat Lin dadelik weet: "Sus, Pappa gaan oukei wees!"

*

Hoërskool Merensky, Tzaneen. Ek is vier jaar oud en ons is sopas terug van die kafee af. Pappa het gaan Coke koop. Ek is egter baie groot en sterk en kan byna alles self doen. "Pappa, kan ek die Coke dla?" smeek ek dringend. Pappa gee vir my die bottel.

"Loop net mooi stadig. Wees versigtig! As die bottel val, gaan die glas breek en jy is kaalvoet," kom Pappa se streng waarskuwing. Mamma dra die baba en laat maar begaan. Selfversekerd trippel ek vooruit in die rigting van die sementwatersloot. Net gister het ek en Carla gekyk wie die verste oor die sloot kan spring. Wag, laat ek kyk hoe ver ek vandag kan oorspring!

Opgewonde rek ek my treë en spring, maar ek trap kort en voor ek kan keer, gly die Coke-bottel uit my hande en breek in skerwe. Coke spat teen my beentjies en klere en ek word yskoud. Met een hand vee ek die taai, koue nat van my bene af en probeer omdraai om "'skuus" te sê. Pappa gaan so kwaad wees! Nog voor ek kan jammer sê, voel ek 'n skerp pyn in my voet. Vinnig kyk ek af en sien net bloed onder my voetjie. Trane verblind my en die huil bars uit my bors – meer van bang oor die raas wat ek gaan kry as die eina in my voet.

Skielik is ek in Pappa se arms. Hy druk my teen sy bors en troos. Geen raas nie? Ek huil sommer harder en voel hoe Pappa se hemp nat word onder my wang. Pappa se arms is altyd so warm en veilig. My *Abba*[3]-Pappa.

*

12 April 2019 – *Circle of Trust*-WhatsApp-gesprekslyn:

5.35nm: Ma: "By hospitaal. Hek het op Pa omgeval by werk. Kan niks onthou nie. Omtrent vyf duim sny. Hulle moet *scan* ook doen. Hy vra vir my vrae oor en oor. Lin nou winkel toe om te hoor wat gebeur het. Sal later weer laat weet."

5.36nm: Ek: "Oukei, Mamma. Ek bid aanhoudend. Pappa gaan oukei wees. Hou my asseblief op hoogte en laat weet my wanneer ek weer kan bel?"

6.18nm: Ander Sus: "Waar is ongevalle?"

6.23nm: Ek: "Wie ook al van julle my boodskap kry, stuur asseblief vir my 'n stempos van presies wat gebeur het. Ek kon nie mooi hoor toe ek nou met jou gepraat het nie, Lin. Die sein was baie sleg. Laat weet asseblief hoe dit nou met Pappa gaan? Asseblief, dit sal goed wees om net weer 'n *update* te kry. Dankie, julle. Stuur asseblief vir Pappa baie, baie liefde en gee vir hom soene en drukke van my af. Ek wens ek was daar..."

Naarstiglik krap ek in my deurmekaar breinlêers rond. Waar staan die Stem se woorde tog? Blanko bladsye staar terug na my. *When all else fails, ask Doctor Google.* Met dom vingers tik ek "Ekself gee jou die opdrag" in en druk die soekskakel.

Natuurlik! Hoe kon ek vir 'n oomblik vergeet! Joshua 1 vers 9! Die res van die belofte, die blye versekering dat die Heilige Gees en Jesus ooreenkomstig die wil van die Vader vir ons intree is êrens in Romeine 8. Ek soek die verse op en bel my ma. Stempos!

6.25nm biep daar 'n stempos van Lin. Hulle is nog by ongevalle. Die mediese personeel is steeds besig om die sny toe te werk. My pa is verskriklik deurmekaar en kan glad nie onthou wat gebeur het nie. Sodra al die steke klaar ingesit is, sal hulle 'n breinskandering neem. Die sein by ongevalle is te swak om te bel en ek moet maar wag.

'n Rukkie later bel Lin. Sy is nou 'n bietjie kalmer, met beter sein en kan die gate vir my invul.

"Sus, vertel my asseblief nou mooi presies wat gebeur het. Ek het soveel vrae?" vra ek sag.

"Sus, toe ek vanoggend stiltetyd gehou het, was dit asof ek nie woorde kon kry om te bid nie. Al wat ek vir die Here kon sê, was dat ek Satan se planne teen ons kanselleer. Dit was asof dit al woorde was wat in my gedagtes rondgemaal het.

"'n Bietjie later was ek besig in die kombuis. Ek dink dit was so net na ses, toe ek Pa hoor uitgaan. (Ek het nogal gedink dis bietjie vroeg). Heel oggend het ek en my seuntjie na *I raise a hallelujah*[4] geluister en dit saam gesing. Gelukkig was ek vroeg klaar en neem toe vir Edri koffie in die bed. Skielik lui my foon. Dit was 'n oproep van Pa, maar toe ek antwoord, toe...toe is dit nie Pa nie! Ek het onmiddellik geweet daar was fout."

'n Groot knop vorm in my keel, my bors trek toe en ek sukkel om asem te haal. Dis asof ek die oomblikke weer saam met haar beleef.

"'n Jong manstem sê toe vir my: 'Hoor hier, jy moet na jou pa se werkswinkel toe kom.' Hulle kon blykbaar nie vir Ma in die hande kry nie. Om een of ander rede wou Ma se foon nie daardie oggend lui nie. Ek het in die kar geklim en gery. Terwyl ek ry, het ek besef ek moet *I raise a hallelujah* speel. Jy ken mos die storie agter die lied?"

"Ja, ja, die storie van klein Jackson wat nie die nag sou maak nie," sê ek vinnig, angstig om die res te hoor.

"Wel, ek het dit net aanhou speel. Toe ek by die winkel se straat indraai, sien ek Pa se bakkie; ek sien die hek op die grond en ek sien omtrent sewe jong mans om Pa se bakkie staan. Die oomblik toe my kar stop, het een van die jong mans na my toe geloop en gesê: 'Hoor hier, jy moet jou pa hospitaal toe neem. Die hek het op sy kop geval.'

"Ek het na die bakkie toe gehardloop en Pa gesien uitklim met 'n lap om sy kop. Dadelik het ek gevra of hy oukei is. Hy het my geantwoord en gesê: 'Ja.' My karretjie se dak is baie laag en na sy rugoperasie is Pa se rug baie styf, so hy sukkel gewoonlik om in my kar te klim. Maar Sus, Pa kom daar met 'n *move*, nè, en hy is in my kar in! Daar was soveel bloed! Ek het 'n hemp agter uit my kar gehaal om die bloed te keer. Maar met daai *move* van Pa het die bloed nie eers aan my kar se dak geraak nie."

Tussen die trane en toe bors deur, kan ek nie help om te lag nie. Lin gebruik die onderbreking om asem te skep. "Uhm," probeer sy eers weer haar gedagtes orden.

"Ek het nie presies geweet waar ongevalle is nie, want hulle het ons hospitaal heeltemal verander. Eers het ek op die verkeerde plek gestop. Hulle het my na 'n ander ingang beduie en ek is soontoe met Pa. Ek het Pa se beursie en selfoon saamgeneem, sodat ek al die besonderhede kon hê om die hospitaalvorms in te vul. My hande het skielik verskriklik begin bewe." *Jou stemmetjie ook.*

Ek kyk af na my eie hande en sien hoe dit bewe. Dan onthou ek om weer asem te haal.

"Skielik het ek besef dat ek weer winkel toe moes ry om vir die werkers oop te maak," gaan sy voort.

My arme sussie, jy het ook aan alles gedink, terwyl jy eintlik net by Pappa wou wees.

"Hierdie keer het Ma se foon gelui toe ek haar bel. Met die wat hulle Ma nie in die hande kon kry nie, het Pa vir hulle gesê om my te bel. Nou ja, daar was intussen nog nie tyd om Ma weer te probeer bel nie, ek het net gejaag om Pa by die hospitaal te kry. So ek bel toe eers vir Ma dat sy ongevalle toe kan kom. Ek is terug winkel toe om te gaan oopsluit en meer te probeer uitvind. Dis toe dat ek jou gebel het. By die winkel het Mary, Bettie en Shepard benoud rondgestaan. Nadat ek vir hulle oopgesluit het, het ek hulle vertel wat gebeur het. '*I think we need to pray*,' het ek vir hulle gesê. Ons het hande geneem en saam gebid. Die arme werkers was baie bewoë."

"Siestog, hulle is baie lief vir Pa. Pa hou mos elke oggend huisgodsdiens saam hulle," voeg ek by.

"Die man oorkant die straat het vroeër gesê hy sal Pa se bakkie vir my hou. Nadat ons gebid het, het ek oor die straat na hom toe geloop en hom gevra wat presies gebeur het. Volgens hom was hy vir een of ander rede vanoggend vroeg by die werk. Hy was besig om sy bakkie in trurat in sy oprit in te ry. Met die, kyk hy toe reg vir Pa toe Pa die hek oopmaak. Hy het gesien hoe die hek uit sy skarniere uittrek en reg bo-op Pa se kop val. Hoeveel van hulle engele was, weet ons nie, maar ewe skielik was daar sewe ander jong mans wat nader gehardloop het en saam die hek van Pa af gelig het."

Die hekmotors in Suid-Afrika gaan mos gereeld op 'n nagtelike wandeling, verdwaal en kom nooit weer terug nie. Dis dié dat my pa die hek self moes oopstoot.

"Die doringdraad was boonop om Pa se kop gekoek," gaan Lindi voort. *Ja, hekke alleen hou mos nie die klouterdiewe uit nie.* "Hulle moes die doringdraad ook mooi afgehaal het."

"Jinne, Sus, dit kon sy oë uitgesteek het!" sê ek geskok.

"Ja, dis 'n wonderwerk dat sy gesig nie geskend is nie. Ek het die mans wat daar was bedank en weer begin huil. Daarna het ek my hoof gebel. Gelukkig het hy gesê ek hoef nie in te gaan skool toe nie. Toe besef ek, ek het nog nie vir ander sus gebel nie en toe bel ek haar. Siestog, sy was baie ontsteld."

Lin bly 'n oomblik stil en ons albei se gemoedere is vol. Vol van wat kon gewees het en dalk nog steeds kan wees, maar voller van dankbaarheid.

"Ek moet teruggaan hospitaal toe, Sus. Ek hou jou op hoogte."

Ek bel my ma, maar daar is mos nie sein by ongevalle nie. Frustrasie woed binne my. 'n Gebed op 'n WhatsApp *voice note* is nou al wat ek kan doen.

6.36nm: Ek: "'Ekself gee jou die opdrag: Wees sterk, wees vasberade! Moenie skrik nie! Moenie bang wees nie, want Ek, die Here jou God, is by jou oral waar jy gaan.'[5]
"Pappa, hierdie is die Skrif wat die Here nou vir my gegee het toe ek vir Pappa bid. Dit was vir my 'n verskriklike skok om te hoor wat vanoggend gebeur het. Lin het my gebel en laat weet. Ek bid nog die heeltyd vir Pappa en weet Pappa gaan oukei wees. Intense vrede het my oorval terwyl ek vir Pappa gebid het en ek weet Pappa gaan oukei wees. Ek dank God dat Hy die heeltyd by Pappa is. Ek dank die

Heilige Gees dat Hy vanoggend vir Lin gesê het om die duiwel se planne te verongeluk in Jesus Naam.

"Ek is baie jammer vir die pyn en ongemak wat Pappa verduur. Ek is verskriklik jammer oor wat gebeur het, maar ek prys die Here dat die duiwel nie aan Pappa se lewe kan raak nie, al probeer hy hoe! Ek is baie lief vir Pappa. Ek weet Pappa gaan oukei wees. Ek is baie jammer vir die groot kopseer wat dalk daar gaan wees, maar in Jesus Naam spreek ek selfs die kopseer aan. Pappa gaan heeltemal oukei wees en Jesus vou Pappa toe in Sy bloed, Hy dra Pappa in Sy Hande.

"Ek wil bitter graag self daar wees en is so jammer ek kan nie daar wees nie. Gelukkig weet ek my ma en my sussies is al drie by die hospitaal. Ek weet hulle is daar om vir Pappa liefde te gee en Pappa vas te hou. Ek is baie lief vir Pappa en ek bid die heeltyd. Selfs wanneer ek slaap, sal Pappa in my drome in my gebede wees.

"Jesus self sit aan die regterhand van God. Hy tree in vir ons. Saam met Hom tree die Heilige Gees ook vir ons in met onuitspreeklike versugtinge. Hy ken elke nood en elke behoefte. Ek roep God aan as God ons Geneesheer, *Jehova Rapheka*. Ek dank God vir Sy Hand op Pappa se kop en Pappa se hele liggaam en dat Hy Pappa in Jesus Naam genees. Ek dank God vir geen newe-effekte, geen ander gevolge nie en 'n spoedige herstel.

"Ek dank God dat ek binnekort my pa op die lughawe gaan haal wanneer hy by my kom kuier. Ek is baie lief vir Pappa en is in my gees en my hart by Pappa.

"Ek is by Mamma en by julle, my sussies, in my gees. Julle hoef net jul oë vir 'n klein rukkie toe te maak en dan sal julle my in jul gees ervaar. Ek is by julle. Ek het julle almal baie lief. Soos ek aan julle dink en vir julle bid, sien ek hoe julle toegevou is in Jesus se bloed en onsigbaar is vir die vyand tussen die voue van Jesus se kleed…

"Pappa moet Pa nou asseblief vir 'n rukkie stil gedra. Vat dit rustig. Gelukkig weet ons Pa is heeltemal te hardekop om enige permanente skade oor te hou (met alle respek en liefde gesê). Ek het Pappa baie lief. Jesus is by Pappa. Sy vrede is by Pappa en by julle almal. In my geestesoog sien ek julle om Pappa se bed staan – 'n stralekrans van vrede om julle. Die vyand se planne sal nie realiseer nie. Hy kom om te steel en om te vernietig… " my stem begin te breek. "Maar Jesus het gekom," kom my stem weer hard en sterk deur, "sodat ons lewe in oorvloed kan hê![6] Dankie, Jesus!"

As antwoord stuur Lin die video van Bethel, *I raise a hallelujah*. Ek speel dit oorverdowend en sing nog harder saam.

*

Die meeste van my kleintyd-April-vakansies was in Durban. Ons het gewoonlik in die Four Seasons-hotel gebly. Ek het altyd so belangrik gevoel wanneer die manne in hul wynrooi baadjies ons by die deur inwag en vinnig regstaan om die bagasie by ons te neem. Een was baie lank en het sulke groot gate in sy oorlelle gehad. 'n Ander een was weer verskriklik kort en koddig. Mamma het altyd gefluister-raas wanneer ek met groot oë na die twee bly staar het.

Wanneer ek die riksja-manne buite in die straat gewaar, het ek skrikkerig nader aan Pappa gestaan en sy hand probeer vashou. Die indrukwekkende gedoente op hul koppe het my oë groot laat rek en ek was nie seker of ek bang moet wees of groet nie.

*

Skaars is ons in die hotelkamer, of ek oorval Pappa en Mamma met vrae:

"Pappa, wanneel kan ons see toe gaan? Mamma, waal is my swemklele? Kan ons spookasem en loomys koop? Pappa, kan ons legtig op die liksja ly? Sal ons nie afval nie? Onthou Pappa het belowe ek kan saam Pappa stampkalletjies en spooktlein gaan ly, want ek is mos nou mooi gloot!" Trots hou ek my handjie uit met vyf vingers wyd en reguit gesprei.

Aangesien dit al laatmiddag en boonop bewolk is, stel Pappa voor dat ons die stampkarretjies en die spooktrein aandurf. Daar is soveel lekker ritte vir klein kindertjies, maar die spooktrein en die stampkarretjies sou so 'n groot impak maak, dat ek tot aan die einde van my skooldae altyd 'n verskoning sou vind om die twee ritte te vermy.

Eerstens die spooktrein. My bravade verdwyn soos mis voor die son toe die eerste monstergesig skielik langs my opdoem. Al gillende druk ek my kop onder Mamma se arm hier langs my in. Ek knyp my ogies styf toe en bid dat die rit gou verby sal wees. Skielik vee sagte, grillerige lang drade oor my gesig. Ek begin histeries huil. Mamma probeer ligweg skerts en moedig my aan om weer te kyk, maar ek wil niks weet nie. Sy verseker my dis nou verby. Versigtig loer ek deur skrefies-oë en sien hoe ek binne 'n kaleidoskoop vasgevang is. Dit laat my naar voel. Ek knyp my ogies weer styf toe en maak dit eers weer oop toe ek die warm, souterige Durban-lug op my gesig voel en inasem.

Ouma wag my in. Hoogs ontsteld gee ek haar my weergawe van die spooktrein: "Ouma, ek belowe ek gaan nooit weel op dalie stupid tlein nie! Nooit weel nie!"

Haar sagte skoot troos vinnig. Sy verseker my dat sy ook niks van die simpel trein hou nie en dat dit iets van die bose is. Ek stem heelhartig met haar saam en ons beplan hoe ons hierdie simpel trein verban gaan kry.

"Wil jy liewer stampkarretjies gaan ry?" vra Pappa.

"Ja! Ja! Asseblief, Pappa!" Ek spring op en af van opgewondenheid.

Maar die stampkarretjies sou - net soos die spooktrein – my eers weer in my vroeë twintigs sien. Een oomblik lag ek nog heerlik saam met Pappa en die volgende oomblik sien ek sterretjies. In die sewentigs was veiligheidsgordels vir kinders nie eintlik 'n prioriteit nie. Met die eerste stamp skiet ek vorentoe en stamp my kop vrek hard teen die paneelbord. Nodeloos om te sê, is hierdie rit verby nog voordat die tyd uitgeloop het. Die pretpark-uitstappie ook.

Terug by die hotel loer ek vir die eerste keer in die spieël en sien die yslike knop op my voorkop. Van voor af bars ek in trane uit: "Nou lyk ek lelik!" huil ek hartverskeurend. Pappa, Mamma en Oupa probeer hard om hul lag te hou, maar vir Ouma was dit nou een te veel en het hierdie pretpark-uitstappie na aan kindermishandeling gegrens. "Pappa gaan vir hom 'n geweer koop en die spooktrein en die stampkarretjies morsdood skiet!" belowe Ouma. Hierdie wraaknuus vertel ek aan al wat leef en beef. My *Gibbor*[7]-Pappa!

Vroeg die volgende oggend herinner ek Pappa: "Gaan Pappa vandag die geweel koop?"

"Nee, ons gaan vandag eers bietjie see toe," glimlag Pappa. Naderhand hou ek op met vra. *Waarom wil Pappa nie meer die geweer koop om die spooktrein en stampkarretjies mee morsdood te skiet nie?* wonder ek.

In sy wysheid het Pappa egter geweet dat hy die spooktrein en stampkarretjies liefs moes spaar vir die dag wanneer ek self hierdie vyand kon aandurf. Sien, hy het geweet die vyand was nie eintlik die spooktrein of stampkarretjies self nie. Die eintlike vyand se naam het net vyf letters: Vrees.

*

Hier aan die anderkant van die wêreld voel my hande so afgekap. Wat kan ek doen om van nut te wees? My pa se sussies! Hulle weet dalk nog nie. Tannie Kiewiet se foon lui net. Tannie Mini bevestig dat Lin reeds laat weet het en dat sy op pad is na my pa toe. Die res van die aand spandeer ek met ander familielede op die foon.

Ek SMS ander sus om te hoor hoe dit met haar gaan, want in my gees voel ek aan sy vat dit swaar.

7.02nm: Ander sus: "Ek was vroeër duiselig en naar van al die bloed…Ek moes myself eers kalmeer voor ek hospitaal toe gekom het."

Ek bel haar en ons gesels 'n rukkie. Lin het uitgeloop, sodat Ma en ander sus by my pa in ongevalle kon wees, want hulle wou nie te veel familie op 'n slag daar toelaat nie. Terwyl hulle nog die sny probeer toewerk het, het van die steke losgeskiet en die bloed het uit Pa se kop gespuit! Verder kan sy my nie veel meer vertel as wat ek reeds weet nie. Sy bevestig dat Pa niks kan onthou nie en dieselfde vrae oor en oor vra.

8.38nm: Ek: (stempos): "Mamma, ek is in my hart daar by Mamma. Die skrik tree seker nog in, want Ma moes kalm gewees het vir Pa. Ek weet Pappa gaan oukei wees. Ek is so jammer ek kan nie daar wees om te ondersteun nie. Onthou om Pappa gereeld te herinner dat ek liefde stuur en speel my boodskappe gereeld vir hom. Ek is baie lief vir Mamma en Pappa."

8.45nm stuur ek 'n stempos aan Lindi om weer op te volg. Sy antwoord dadelik. Ander sus en my ma is nou by Pa, terwyl Lin in die wagkamer wag. Die breinskandering is afgehandel, maar hulle wag nog vir die uitslae. Pa kan niks onthou nie en is baie verward. Hy vra die heeltyd, oor en oor: "Wat het gebeur?" maar hy gesels darem met hulle, al vra hy elke paar minute dieselfde vrae. Sy korttermyngeheue is op die oomblik bokveld toe!

Lin: "Ek het 'n foto van die sny geneem. Dis afgryslik! Laat weet as jy dit wil sien."

My taktvolle baba-sussie! My pa het 'n vyftien sentimeter-lange sny reg bo-oor sy kop gehad. Die dokter was na die tyd verstom, want my pa was nie veronderstel om dit te oorleef nie.

My sussies het buite op die bankie gaan sit, gebid en lewe gespreek terwyl hulle besig was met Pa se breinskandering. Lin het hulle gemaan om mooi te kyk en hulle herinner dat hy 'n rugoperasie gehad het.

9nm: SMS van Lin: "Skanderingsuitslag het teruggekom. Geen swelling en geen bloeding op die brein nie! Pa is opgeneem en word gemonitor vir harsingskudding. Hierdie is so groot wonderwerk!"

Ek: "Prys die Here, Sussa! Ek is so dankbaar! Dis wonderlik! Dis wonderlik! Dis wonderlik! Dit help om te staan – sáám te staan in geloof!" Vir 'n paar oomblikke is ek stil en drink net die oomblik in.

"Dis so fantasties! God staan buite tyd en ruimte. Hy het vooraf reeds geweet hoe ons gaan bid. Hy het ons gebed beantwoord!"

Ek bedank haar weer dat sy so mooi kop gehou het die oggend. Toe Lin daardie oproep kry, het sy ten spyte van die groot skrik, kalm gebly. Sy het haar man saggies op datum gebring en vir die kinders gesê dat sy gou-gou ry om vir Oupa te help. Pappa sou hulle skool toe neem.

Ek: "Sus, speel asseblief gereeld vir Pappa my stempos! Herinner hom elke kort-kort dat ek lief is vir hom en baie liefde stuur. Hy vergeet mos die heeltyd en julle moet mos alles deurentyd herhaal. So hy gaan vergeet dat ek liefde gestuur het en netnou dink hy ek het nog niks van my laat hoor nie. Sê dit asseblief elke paar minute vir hom...Ja, stuur asseblief die afgryslike foto!"

Lin laat weet later dat sy lekker gelag het vir my stempos – en dat my pa ook lekker saam gelag het!

Uitgeput, maar met 'n geruste hart sit ek my foon af. Ma het laat weet dat die huis vol besoekende familielede is, so sy slaap darem nie alleen nie. Al biddende gaan ek droomland met lofsange binne.

*

Net na half vyf die volgende oggend word ek wakker. Dis nog stikdonker buite en selfs die voëltjies slaap nog. My eerste gedagte is: my pa!

Ek gryp dadelik na my foon en skakel dit aan. Hoekom neem die appeltjie vanoggend so lank om op te warm?

Na wat soos ure voel, maak ek die WhatsApp-toepassing oop. O, tog! Kort nadat ek my foon afgeskakel het, het Lin die foto gestuur. Hulle het toe nie oordryf nie. Die sny loop krom en skeef van voor tot agter – regoor my pa se kop!

Ek sluit my oë en skud my kop. *Abba Vader, duisend dankies vir U genade en dat U Pappa se lewe gered het.*

4.37vm: Ek: "Sjoe, dis verskriklik!"

4.38vm: Lin: "Jy moes dit gesien het toe daar nog nie steke in was nie! Pappa lag en gesels nou. Hy is regtig oukei!"

Ek: "Kan ek hom bel?"

Lin: "Ja, hy het sy foon by hom."

Ek bel en my pa antwoord na wat soos 'n ewigheid voel.
"Pappa?" kom my angstige, bly, emosie-belaaide stem.
"Hallo, my liefling." Pappa se stem klink normaal, asof niks gebeur het nie. Trane van blydskap en verligting stroom oor my wange. Ons gesels vir 'n kort rukkie en lui dan af.
Here, vir 'n oomblik het ek gister gedink dat ek nooit weer my pa se stem sou hoor nie. Dankie dat U in daardie oomblik reeds sy lewe gered het. Dankie, Heilige Gees vir U uitdruklike Stem vanuit die Ewigheid wat my kom verseker het dat my pappa oukei gaan wees.
Weer hoor ek die Stem vanuit die Ewigheid: *"Be still and know that I am God!"*[8] Gister se stem kom terug na my. *Dankie, Here, dat U elke tree van hierdie reis by ons is...*
Daardie aand kuier die familie heerlik saam met my Pa, lag en gesels en maak grappies oor sy kort geheue (of liewer gebrek daaraan).

13 April, *Circle of Trust*-gesprekslyn:

8.23vm: Ander sus: "Is Pa ontslaan?"

8.32vm: Lin: "Jip, nou net, Sus."

9.18vm: Ma: "Ons is op pad rugby toe."

Wat? Kan Pa dalk net homself daaraan herinner dat hy erg harsingskudding het en veronderstel is om dit rustig te vat? My susterskinders sal tog verstaan as Oupa nie vandag daar is nie?

Kopskuddend lag ek by myself. Tipies Chris Viljoen – letterlik te hardekop om te gaan lê!

Dis al ná tien toe ek met my tweede koppie koffie by die studeerkamer instap om die hopie boeke te merk wat ek gisteraand nagelaat het om te doen. Ek maak die Afrikaanse Pas oop wat bo-op die stapeltjie boeke lê. Skielik besef ek: God het my al die hele week voorberei vir gister se gebeure, want die teksvers vir die week in Niki se Afrikaanse Pas is Joshua 1 vers 9! Dankbaar laat weet ek op *Circle of Trust*: "God het vooruit geweet en ons met die nodige wapens toegerus om die vyand te oorwin. Halleluja!"

Later hoor ek hoe byna al die familie wat kon, by Pa gaan kuier het. Daardie naweek sou egter vir Pa 'n waas bly. Hy sou nooit onthou wie daardie naweek by hom was of wat daardie Vrydagoggend gebeur het nie.

Hoofstuk 2

Die Karavaan

Ons laaste kamp saam met my ouers voor ons geëmigreer het, was by Badplaas. Ai, my herinneringe aan ons gunsteling vakansie-oord gaan ver terug! Foto's saam met Oupa Piet by die fonteintjie waar ons water drink; Ouma Lenie wat hom maan om nie te lank in die rumatiekbad te sit nie; ek wat sluip-sluip na die bron gaan loer waar die water kokend uit die aarde borrel; Ouma se waarskuwing: "Jy sal morsdood brand as jy daar moet inval!" Pret in die buite-swembad.

*

Met rooigebrande wangetjies sit ons om die kampvuur. Dis 'n warm, soel someraand. Tannie Carike se paddakoor kwaak in harmonie met Laurika se kriekekoor. Ek wikkel my neusie teen die skerp Tabard-reuk. Mamma maak altyd seker dat die rolletjie Tabard byderhand is wanneer die son sak, sodat die muskiete ons nie lewendig opeet nie. Knetter-knetter knak die stokkies in die vuur.

'n Droë takkie langs die vuur trek my aandag. Dit lyk soos 'n verdroogde boompie soos dit vertak. Ek spring op, druk die punt in die vuur totdat die fyn takkies net-net begin gloei. Dan strek ek my arm uit en hou dit teen die donker van die nag.

"Kyk, Pappa! Dit lyk soos 'n kersboom met liggies!" roep ek opgewonde. Met vinnige, kort bewegings van my gewrig swaai ek die takkie heen en weer. "Nou lyk dit soos vuurvliegies wat heen en weer vlieg!"

"Kinders wat met vuur speel, piepie in die bed," waarsku Mamma met 'n vonkel in haar oë. Sy kyk na ander sus wat opgekrul in die kampstoel lê en slaap.

"Tandeborsel en slaaptyd," sê Mamma.

"Ag nee! Ek wil nie nou al slaap nie!" kla ek.

Pappa besluit daar is nog tyd vir 'n storie. "Kom sit hier by my, dan vertel Pappa vir jou 'n storie voor jy gaan slaap."

Gretig klim ek op Pappa se skoot.

"Daar was eendag 'n dogtertjie en haar boetie wat saam met hulle ouers op 'n plaas aan die voetenent van die Drakensberge gewoon het. Haar naam was Racheltjie de Beer. Sy was twaalf jaar oud. Hulle was maar arm en het net 'n paar beeste en skape gehad. Hulle kon nie soos ons hier by Badplaas kom vakansie hou nie," vertel Pappa.

"Ag, *shame!*" deel ek my simpatie met die arme kinders.

"Laat een wintermiddag het daar 'n verskriklike sneeustorm losgebars," vertel Pappa verder. "Racheltjie en haar mamma het hul pappa gehelp om al die diere in die kraal bymekaar te kry. Toe haar pappa die diere begin tel, kom hy agter dat daar 'n kalfie makeer. Almal het na die kalfie begin soek. Racheltjie se vyfjarige boetie wou ook help. Racheltjie het haar boetie se handjie styf vasgevat en saam het hulle om die huis begin soek.

"Die sneeustorm het al erger geraak. Skielik kon Racheltjie die huis glad nie meer sien nie. Sy het haar boetie se handjie stywer vasgedruk.

"'Racheltjie, dis koud! Ek wil huis toe gaan!' het haar boetie begin huil.

"Racheltjie het haar baadjie uitgetrek en dit vir haar boetie aangetrek. 'So ja, nou sal jy lekker warm bly. Kom, ons is amper by die huis,' het Racheltjie haar boetie getroos.

"Al harder en harder het die wind die sneeu teen hul kaal bene vasgeslaan. 'Racheltjie, my bene wil nie meer loop nie! Ek wil sit!' het haar boetie gehuil. Racheltjie het afgekyk na haar boetie. Met dié het hulle met 'n 'boef'-geluid in 'n miershoop vasgeloop. Racheltjie het soekend om haar rondgekyk, maar die huis was nêrens te sien nie.

"'Rrr..Racheltjie, e…ek k..k..kry k..k..koud!' het haar boetie gehuil. Racheltjie het haar oorrokkie uitgetrek en dit om haar boetie se bene gevou." 'n Traan loop oor my wangetjie. Arme seuntjie wat so koud gekry het! Arme Racheltjie!

"Racheltjie se pa was 'n boer," gaan Pappa voort, "en 'n boer maak altyd 'n plan. Skielik het Racheltjie 'n plan gekry! Met haar vuisie het sy teen die miershoop gestamp, totdat daar 'n gat ingeval het. Met half-verkluimde handjies het sy gegrawe totdat die miershoop mooi uitgehol en groot genoeg was dat haar boetie binne-in kon opkrul. Maar hy het aangehou huil omdat hy so koud gekry het. Sy klein lyfie wou nie ophou bewe nie. Racheltjie het toe al haar kleertjies uitgetrek en dit om hom gevou." Nog 'n traantjie rol.

"'So ja, boeta. Toemaar, nou,' het Racheltjie getroos. Maar haar boetie wou nie ophou bewe nie. Sy het met haar ruggie teen die opening van die miershoop gaan lê, om die koue uit te hou.

"Intussen het Racheltjie se pappa en mamma opgehou soek na die kalfie. Groot was hul ontsteltenis toe hulle by die huis kom en sien dat Racheltjie en haar boetie nie daar was nie. Hulle het dadelik na die kinders begin soek. Dwarsdeur die nag het hulle na Racheltjie en haar boetie geroep, maar niemand het geantwoord nie.

"Vroeg die volgende oggend, toe dit begin lig word, het hulle op die uitgeholde miershoop afgekom. Arme Racheltjie het verkluim voor die opening van die miershoop gelê. Daar was nie meer lewe in haar lyfie oor nie. Binne-in die miershoop het hulle haar boetie gekry. Sy lyfie was yskoud, maar hy het nog gelewe. Racheltjie het haar eie lewe vir haar boetie gegee," eindig Pappa sy storie.

Onder my wangetjie is Pappa se hemp sopnat. My lyfie ruk van die snikke. Dit was tegelykertyd die mooiste en die hartseerste storie wat ek nog ooit gehoor het. Pappa kon die mooiste stories vertel…

*

Terug by ons laaste kamp saam met Pa en Ma: Hierdie keer slaap ons nie in die ou Slipstream nie. Die nuwe koepeltent slaan baie makliker op. Ons is nietemin ordentlik ingerig. Vir 'n spul nat beddegoed na 'n donderstorm het ek geen lus nie.

Gevolglik is die opblaasmatras op sy eie opvouraam om ons beddegoed 'n beter kans te bied om droog te bly. 'n Snoesige donsduvet maak seker die nagte bly warm, ten spyte van die dun tentwande. Game se plastiektrollies op wieletjies, met hul lekker groot uittreklaaie, dien as klerekaste. Skottelgoed en ander kampbenodigdhede bly op dieselfde manier op hul plek en droog.

Na die Sondagoggend se kamp-oppak, met die sleepwa en kattebak tot barstens toe gelaai, besluit my man dat ons nie weer sonder 'n karavaan sal gaan kamp nie. Ek bring kwansuis die hele huis saam. Ha! Wat sou hy gesê het as hy saam met Ouma Grappie by Mabula se boskamp gaan vakansie hou het? Sy het die hele kisvrieskas vol vars plaasvleis op die sleepwa gelaai – en dit was net die begin!

Voor die karavaandroom egter kan realiseer, oorval drie mans ons om drie-uur die oggend en oorreed ons vir drie ure lank, met rewolwers teen ons koppe, dat 'n LSD-vakansie (*look-see-and-decide*-vakansie) in Nieu-Seeland nie noodwendig 'n slegte idee is nie.

Ons laat nie gras onder ons voete groei nie - en Nieu-Seeland steel ons harte! Vyf weke is genoeg om ons te oorreed dat 'n nuwe begin aan die uithoeke van die aarde 'n opwindende avontuur kan wees, al moet ons ons rande in hierdie stadium vyf keer omdraai.

Ons besef egter vinnig dat ons die helfte van ons huisraad in Suid-Afrika sal moet agterlaat. Die huise op Auckland se North Shore wat groot genoeg is om al ons huisraad te huisves, is ongelukkig 'n bietjie bo ons vuurmaakplek!

Gevolglik verander karavaankoop in kampgoed verkoop of weggee. Die enigste kampraad wat die skippie haal, is ons seun se tweemantentjie. Ons sal later van voor af kampgoed moet bymekaarmaak.

In Nieu-Seeland aangekom, verdof ons karavaandroom vinnig. Koste van nuwe kampraad en gebrek aan stoorplek vorm net twee van verskeie redes hiervoor. Die grootste demper op ons kampgees is natuurlik die gebrek aan 'n kamp-vriendelike klimaat (of so dink elke pas-aangelande immigrant wat nog na Afrika-stof ruik).

Die Kiwi's sal natuurlik nie met die laaste stelling saamstem nie. Ons vergewe hulle maar daarvoor, want in 'n land waar vier seisoene 'n dag dikwels 'n gegewe is, klink 'n Afrika-kind se sonbeheptheid effens uitheems. Hier doen hulle alles in die reën, van stap met pasgebore babas tot rugby speel.

Twaalf jaar later kry die gemis na 'n kamp-atmosfeer uiteindelik die oorhand en ons karavaansoektog begin. (Oukei, ek erken, dalk speel my nukke en grille oor beddegoed waarop vreemdes geslaap het 'n groter rol in ons keuse van vakansie-akkommodasie.) Dit neem ons nie lank nie om te besef dat ons baie beter waarde vir ons geld kan kry deur 'n splinternuwe karavaan vanuit Engeland in te voer. Om die waarheid te sê, dit kos 'n paar duisend dollar goedkoper as om 'n soortgelyke twee jaar-oue karavaan hier te koop. Ons moet net ses weke wag.

Maar, soos enigiets wat op 'n skippie van anderkant die water af hier na ons eilandjie toe moet kom, verander ses weke vinnig in drie maande. So neem ons uiteindelik teen die einde van Maart eienaarskap van ons splinternuwe karavaan, met Nieu-Seeland se somer reeds byna vergete.

Maar kamp sal ons kamp en soos enige dapper SA-Kiwi die meeste uit ons Kiwi-herfs haal. 'n Sakebesoek aan Auckland verander sommer vinnig in 'n *working holiday*-langnaweek.

Danksy 'n tikkie geluk aangestuur van my Oumagrootjie Viljoen af, het die Top 10-kampeerplek in Orewa so wrintiewaar 'n kansellasie reg op die strand. (Wanneer goeie geluk sommer so uit die bloute Pappa toegeval het, het hy altyd met 'n knipoog en 'n skalkse glimlag gesê: "Ouma Viljoen kyk uit vir my!" Hy was immers haar oogappel. Dit het met die verloop van tyd 'n familie-sêding geword.)

Die dag na ons die karavaan in ontvangs neem, begin ek pak en die volgende oggend vroeg val ons in die pad – teen 'n slakkepas! Wie kan nou in elk geval vinniger as 100km/h ry in Kiwi-land sonder om jouself 'n boete en 'n paar *demerit points* op die hals te haal?

Nee, swaer, hier is ons wetsgehoorsame burgers wat nie waag om te kla met die witbrood onder die arm nie!

Agtermiddag ry ons die Top 10-karavaanpark langs Orewa-strand binne. Ons raak dadelik verlief op ons staanplek reg voor op die strand. Danksy moderne tegnologie kan ons die karavaan net afhak en met 'n afstandbeheerde kontrole draai en vorentoe of agtertoe stuur totdat dit presies staan waar ons dit wil hê - met die opening vir die watertoevoer en kragdraad reg by die kraan en kragpunt. Vol selfvertroue haal ons die splinternuwe tent uit.

Ouers en 'n sussie wat al jare lank kamp, het my bewapen met 'n feillose plan om eers die tentpale mooi volgens die instruksies op die grond uit te pak. Manlief is egter 'n afstammeling van Moses se volk en sal liewer veertig jaar in die woestyn rondtrek voordat hy dit sal waag om instruksies te vra. Dit neem hom nie lank om te besluit hy weet hoe om 'n tent op te slaan en dat my uitlê van pale op die grond tydmors is nie.

Voordat ek kan keer, begin hy die daktent inryg. (Elke gesoute karavaankampeerder sal nou lekker lag.) Kort voor lank kom ons agter die pale wil nie bymekaar uitkom nie. Ek raadpleeg weer die instruksies en begin pale se nommers en hoeveelhede vergelyk. Soos die noodlot dit wil hê, is ons nommer ses pale skoonveld! Teen donker staan die tent nog steeds nie.

Desperaat bel ek my seun, wat in een van die prentjie-mooi baaie op die North Shore woon en vra hom om te kom help. Lief en dierbaar soos hy is, druk hy die *pause*-knoppie op sy aand se planne en hy en Harvey (sy edele die Yorkie-Poedelkruising) kom help red wat te redde is. Dit neem hom nie lank om die nommer sewe pale te begin skud nie. Abrakadabra! Daar skud hy sowaar die nommer sesse uit die nommer sewes uit!

Teen die tyd wat die tent staan, is dit koud en laat en het alle glimlagte reeds bedwaarts gekeer. Ons besluit om voor te gee dis 'n outydse karavaan met geen elektrisiteit en water nie en gaan maak liewer 'n draai by die gemeenskaplike ablusieblok, voordat ons gaan inkruip. Al die oulike, moderne fieterjasies se opkoppeling kan tot môre wag.

Vroeg die volgende oggend glip die sonsopkoms oor die see deur die venster aan die voetenent van ons bed en vul ons met nuwe moed. Tyd om alles op te koppel wat 'n 2019-karavaan kan bied (wat seker heelwat eenvoudiger sou gewees het as manlief nie 'n Israeliet was nie.)

Na baie ure is die afvoerwater, watertoevoer, elektrisiteit en lugverkoeling in werkende toestand, hoewel die waaiers wat net lugvloei reguleer nie wil werk nie. Die rooi prentjie wat veronderstel is om die warmwaterkraan aan te dui, is nog bloot 'n tergende *emoji*, want die enigste water wat uitkom, is yskoud.

Versigtig trek ek maar weer die instruksieboek nader en lees hard-op vir manlief die stappe voor. Die Israeliet luister slegs na twee sinnetjies en ploeg dan weer self voort. Paaiend probeer ek weer. Hierdie keer luister hy drie sinnetjies en ploeg weer voort. Gefrustreerd gooi hy hande in die lug omdat die 'verdomde ding' nie wil werk nie.

Ma sou gesê het: 'Watwou wil? Hy het nie 'n ma of 'n pa nie!' Ek lees maar weer van voor af hardop. Uiteindelik kan ek al vier sinnetjies mooi stadig klaar lees op so 'n wyse dat manlief kan volg. Hy probeer weer...Kan jy nou meer? Die 'verdomde ding' werk!

Later kies ek stil-stil koers strand se kant toe en stuur 'n stempos vir Lin. Saam lag ons lekker oor die groot toets vir 'n verhouding wat homself 'kamp-opslaan' noem. Na die gelag is die foon 'n rukkie stil.

Ek: "Eintlik wil ek net langs Pappa op die bed opkrul, hom styf vashou en lekker huil van blydskap dat hy nog by ons is."

Lin: "Ek het gister self 'n paar keer begin huil terwyl ek by hom gesit het, omdat ek besef het hoe anders dit kon gewees het. Darem is ek hier by hom. Kan net dink hoe jy moet voel."

Ek: "Dankie vir die klankbord. Soos Langenhoven sal ek my maar 'langsamerhand haas' en die langpad om terug stap kamp toe."

Lin: "Lief jou, Sus! Wens so jy was hier!"

Sondagaand 14 April kry ek 'n skakel na Kruisgenerasie se oggenddiens op Facebook Messenger met 'n boodskap van 'n nuwe intrekker in Nieu-Seeland: "Ek is jammer om van jou pa te hoor. Lin het sopas tydens Kruisgenerasie se diens daaroor getuig." Ek skakel in en huil heelpad krokodiltrane van dankbaarheid. "Dankie, Here. Dankie, Here," prewel ek deur die trane.

Maandagoggend 1.05vm: Lin: *The Spirit in you is far stronger than anything in the world."*[9]

7.42nm: Mamma: "Elke nuwe dag is net genade van God."

7.53nm: Ander sus: "Amen!"

8.18nm: Ek: "Amen! So laat ons juig en bly wees!"

8.39nm: Ek: "So dankbaar ons gesinnetjie is nog voltallig met al vyf van ons en ons baie aanhangsels en voortbrengsels!"

16 April 2019: Ma: "As jy by die einde van jou kragte kom, is jy by die begin van God se krag!"

17 April: Ek: "Ons is opgepak en op pad terug huis toe. Al die pale is nou gekleurkodeer."

19 April vier ons Paasfees. My susterskind teken die mooiste skets van Paasfees-genade.

21-24 April 2019 kamp ons by Papamoa-strand, Tauranga in die prentjie-mooi Bay of Plenty. Oumagrootjie het weer seker gemaak ons kry op die laaste minuut 'n staanplek reg op die strand, sodat ons elke oggend die see eerste kan sien!

Daar is 'n speelpark met klimrame en springmatte tussen die kampeerterrein en die ontvangsgebou. Niki vra om daarheen te stap.

Ek dink terug aan Buffelspoort – die tweede beste kampeerplek naas Badplaas tydens my kinderdae.

*

"Pappa, kan ons asseblief swembad toe gaan?" soebat ek. Ons kan sien die grootmense kuier heerlik en dat ons hulle moeilik gaan oorreed om saam te kom.

Soos baie van julle, het ek twee Pappas gehad: 'n gewone Pappa en 'n vakansie-Pappa. My gewone Pappa was baie streng. Soms was ek so bang dat hy gaan raas wanneer ek iets groots wou vra, dat ek in trane uitgebars het die oomblik wat ek my mond oopgemaak het om hom te vra. My vakansie-Pappa was altyd gemoedelik, baie toegeeflik en glad nie so streng soos my gewone Pappa nie. Hy was ook vreeslik vrygewig met roomys en sjokolade!

"Ja, julle kan maar gaan swem," sê vakansie-Pappa met 'n breë glimlag. "Kom sê net elke uur vir my julle is nog oukei," sê hy 'n bietjie ernstiger. *En as ons tussen-in verdrink? Of verdrink kinders net al om die uur?* wonder ek - maar ek durf nie vra nie!

*

So dertien kilometer van Papamoa-strand af, is Mount Manganui, 'n skiereiland en 'n uitbreiding van Tauranga. Soos Durban vir ons ou Transvalers was, so is Mount Manganui vir die Aucklanders van Nieu-Seeland. Die mooiste mooi van die Mount is die Mount self: 'n ou, uitgebrande vulkaan met die mooiste see-uitsig staproetes. Ons klim die Mount elke dag; elke keer kies ons 'n ander voetpad.

Na elke staptog om die Mount spandeer ons twee ure by die warm swembaddens aan die voet van die Mount. Blykbaar is dit die enigste warm seewaterswembaddens ter wêreld. 'n Mens sou dink dat hulle met so 'n uitsonderlike roem-aanspraak vir Badplaas en Buffelspoort stof in die oë sou skop.

Maar, helaas moet 'n SA-expat 'n groot kopverskuiwing maak voor hy homself tuis voel in Kiwi-land. Nie net wat die vierkante meter van jou huis en erf betref nie, maar ook wat die kwantiteit en kwaliteit van *resorts* betref.

Na twaalf jaar soek ek steeds vergeefs op die strande en by die oorde na die 'vakansie-atmosfeer' so eie aan my grootwordtyd. Ek moet nog die swembad vind met 'n regte orkes waar almal in die swembad op die maat van *Four Jacks and a Jill* en met hande bo die kop 'hoema-le-la-la, hoema-le-la' saam klap en sing.

Niemand in die Kiwi-karavaanpark daag op vir boeresport met sakresies en toutrek nie. Saans is die kampvure maar min. Nêrens haal hulle konsertinas en kitare uit en sing tot lank na die amptelike ligte-uit nie. 'n Mens hoor ook nie die bekende Sewende Laan-deuntjie half-sewe die aand vanuit verskeie karavaantente nie.

Hier leer ons om die skoonheid om ons op 'n ander manier te waardeer en nuwe kampherinneringe te kweek. Die enigste rede waarom ons hier ons tente toerits, is om vlieë, muskiete en reën uit te hou. Hier kamp boewe en bobbejane nie saam nie. Spinnekoppe is maar klein en slange bestaan net in dieretuine.

Ek lag spontaan wanneer ek onthou hoe die grootmense by Buffelspoort mekaar poetse gebak het. Gedurende my laerskooldae het ons 'n paar keer saam met 'n groep ander families gaan kamp. Drie van die omies was so dom om hul grootste vrese laataand om 'n kampvuur uit te lap. Elke onthulde fobie sou een na die ander vir groot sports gesorg het!

Oom Diewie het 'n padda in sy skoen gekry; Oom Awie is so byna deur 'n rubber bobbejaanspinnekop op sy kopkussing bespring en Oom Adri het 'n rubberslang in sy slaapsak ontdek. Twee van die ooms was nogal groot, lang manne. Dit was vir my baie vreemd dat sulke groot mans so groot vir 'n gogga kon skrik.

Dalk pas ek die fobies en die name nie meer so mooi bymekaar nie, maar nietemin het die poetse gelykertyd vir groot gelag en ernstige toetse vir sekere vriendskappe en huwelike gesorg!

26 April ry Pa en Ma af Mosselbaai toe vir Pa se jaarlikse matriekreünie van die '67-klub. Hulle is 'n spul vriende wat saam matriek geskryf het en die laaste klompie jare elke jaar by iemand anders bymekaarkom. Ma sê hulle het nodig om 'n bietjie te rus na Pa se ongeluk.

7.45nm: Ek: "Sus, hoe gaan dit regtig met Pa?"

8.27nm: Lin: "Dit gaan oukei, Sus. Hy vergeet net so bietjie, maar ek dink rus sal help."

11.28nm: Ek: "Hou my asseblief op hoogte?"

11.33nm: Lin: "Ek sal, Sus"

11.34nm: Lin: "Hoekom is jy nog wakker?"

*

27 April slaap Pa en Ma by Lamon Gastehuis in Kroonstad. 'n Vragmotor het byna uitgebrand op die Potch-pad en hulle moes vir ure lank teen 'n slakkepas aankruip.

28 April: Mamma: "Ons slaap vanaand by Orange River Lodge."

7.09nm: Die Stem uit die Ewigheid: *"First seek the council of the Lord!"[10]*..."Moenie bang wees nie, Ek is by jou, moenie bekommerd wees nie, Ek is jou God. Ek versterk jou, Ek help jou, Ek hou jou vas, met my eie hand red Ek jou."[11]..."Ik heb u in Mijn handpalmen gegrift"[12]

28 April ry Pa en Ma die Swartbergpas – en neem natuurlik weer die afdraaipaadjie tot reg onder in Die Hel. Kyk, as kind het ek seker elke bergpas wat daar te ry was, saam met my pa gery. Wanneer

Pappa kon kies tussen dertig minute tot by die eindbestemming of 'n drie ure pas, het die pas altyd ver gewen. Die Swartbergpas in die Klein Karoo, met die afdraai tot diep binne-in die Gamkaskloof - of te wel 'Die Hel' - wen seker loshande! Dan was daar die pragtige Bolandse Bainskloofpas tussen Wellington en Ceres met die oorhangende rots. Ons het 'n paar foto's waar ons oor die jare met verskillende motors reg onder die oorhangende rots gestop het! Die welige plantegroei van die Magoebaskloofpas laat 'n mens nogal baie dink aan die pad na Bay of Islands. Die Long Tom-pas in Oos-Transvaal (of Mpumalanga soos dit nou heet) het die mooiste watervalle, maar my gunsteling bly maar die Prins Alfred-pas deur die Knysna-bos. (Oukei, tannie Daleen het seker 'n groot rol gespeel om dié pas my gunsteling te maak!)

29 April slaap Pappa en Mamma oor in Danabaai by Pappa se kleinsus. Ma laat weet sy en Pa is baie moeg. Die eerste vier maande van 2019 was baie uitputtend.

30 April 2019: Eerste skooldag van die tweede kwartaal vir my en Niki. Wonder bo wonder het selfs wiskunde pynloos verloop!

2 Mei: Mamma stuur 'n gebed.

6 Mei slaap Pa en Ma by Bundu Inn, tagtig kilometer van Kroonstad af.

8 Mei 2019: My hartkind word vir die Pumas gekies.

10 Mei 2019: Niki word dertien!

Ek en Lin gesels oor die uitdagings wat haar dogtertjie by die skool ervaar.

25 Mei 2019: Christiaan word 10! Pa en Ma slaap oor in Pietermaritzburg.

Einde Mei gaan die aandeelhouers van ons firma op 'n drie-dag plesierbootrit.

Dis nou heeltemal te koud om weer te gaan kamp. Maar Karavaan se kind sal dalk korter oorwinter as wat hy beplan het.

Hoofstuk 3
Die PSA-Telling

Tydens ons plesierbootrit besluit ek dat ek, soos ek twee jaar gelede aan my ouers belowe het, hulle vir hul verjaardae Nieu-Seeland toe moet bring. Mamma verjaar op 4 Oktober en Pappa op 20 November.

Met ons terugkoms bel ek hulle en bespreek moontlike opsies.

3 Junie 2019 stuur Pappa vir my 'n e-pos.

Hallo, my liefste Kind.
Pappa vertrou dit gaan steeds baie goed met jou.
Jy moet asseblief altyd onthou dat die plek wat jy in my hart inneem, deur niemand ingeneem kan word nie. Pappa moet vanmôre my hart met jou deel. Ek bid dat jy sal begryp en verstaan wat ek vir jou wil sê.
Eerstens moet jy weet dat ek só opgewonde was EN STEEDS IS oor die moontlikheid om vir julle te gaan kuier, maar daar is egter 'n klomp faktore wat ernstig oorweeg moet word.

Pappa deel met my al die finansiële en praktiese implikasies wat 'n vier weke-tydperk weg van die werkswinkel af vir hom en Mamma sal inhou.

Hy sluit sy e-pos af:

Ek stel voor dat ons bid dat die Here dit vir my sal moontlik maak om oor Desember vir julle te kom kuier, aangesien dit die enigste tydperk (oor Desember en Januarie) is dat ons kan bekostig om die besigheid vir 4 weke te sluit. Die tyd sal wel leer of daar genoeg finansies sal wees.
Pappa hoop en vertrou dat jy ons dilemma kan begryp.

Al my liefde
Pappa

Ek huil my hart uit. Dis nie dat ek nie reeds van die meeste van Pappa se punte, wat hy vertroulik met my bespreek het, bewus was nie. Ek wil net so bitter graag my ouers weer vir 'n vakansie by my hê!

Soos my gewoonte is, stuur ek nie in my ontsteltenis 'n antwoord nie, maar gaan lê my pakkie voor Jesus se voete neer en gaan slaap eers daaroor.

Die volgende oggend om vyf uur stuur ek vir Pappa my antwoord:

Hallo, my liefste Pappa.

Ai, Pappa...glo my, ek wou al net na Pappa se ongeluk vir Pappa en Mamma twee kaartjies gekoop het en julle genooi het om vir drie maande by my te kom bly en te rus. Maar ek weet dit is nie vir Pa en Ma prakties moontlik om so lank van die besigheid af weg te wees nie. Ek het ook besef dit was belangriker vir Pappa om naby Pa se dokters te wees vir opvolgondersoeke en so meer. Ek kan natuurlik nie wag om Pappa en Mamma weer te sien nie en sien so uit om Pa en Ma hier te hê – net vir myself – vir 'n rukkie.

Ek weet maar te goed hoe vinnig 'n besigheid skade lei as die baas nie daar is nie. Selfs manlief, wat die meeste van sy besigheid elektronies hanteer, moet minstens twee dae 'n week by die Auckland-kantoor wees. Wanneer hy vir 'n paar weke oorsee was, is daar soveel werk om in te haal en uit te sorteer. Pappa se besigheid is natuurlik nog meer afhanklik van Pa se persoonlike teenwoordigheid, so ek verstaan – al is dit met trane wat loop.

Die afgelope jaar is die Here besig om my te leer om net op Hom te vertrou. Ons probeer terugkom in Auckland, maar tot nou toe wou die Here ons nog steeds hier in Hamilton gehad het. Dit blyk duidelik elke maand wat ons terugkyk en sien hoeveel mense ons hier tot seën kon wees en deur hoeveel mense ons geseën is.

Ons huis is nou al vyf maande in die mark. Van die begin af was dit 'n gebedsaak. Ons kan doen wat menslik moontlik is met die bemarking, maar God bly in beheer. Daarom glo ons die huis sal op die regte dag en datum verkoop aan die regte persoon - volgens God se wil, soos Hy dit reeds vooruit bestem het. Daar is vele ander areas waar ek ook net op God se tydsberekening moet vertrou. Ek glo dieselfde geld vir Pappa en Mamma se kuier.

Daar is natuurlik meer as een voordeel aan 'n Desember-Januarie-kuier: Pappa en Mamma kan Kersfees by ons wees; die weer is lekkerder - veral vir kamp; ons almal het dan vakansie en manlief is ook minder besig. Die enigste probleem is dat vliegkaartjies oor die Desember-vakansie so peperduur is. So dit is die saak wat ons dan voor die Here se voete moet lê en vra vir bonatuurlike voorsiening.

Hoe gaan dit met Pappa? Ek is baie besorg oor Pappa en ek hoop en bid dat Pappa dinge rustiger neem. Ek bid vir finansiële seën op alles wat Pappa doen, vir guns by God en mens, vir gesondheid en nog baie jare se goeie leef.

Nou ja, in die woorde van Tommy Dell: 'I'll sign off now before I start to cry,' (Duh-hu! Die sleutelbord is al sopnat!). 'May God ride with you. Ten-four and...God bless!'

Al my liefde,
Die een wat Pappa eerste liefgehad het.

Pappa antwoord dadelik.

Hallo, my Liefling.

Baie dankie vir jou begrip en pragtige antwoord. Wees verseker jy het my hart diep geraak en baie hartseer verlange in my gemoed gekweek. Ek besef my tyd raak min en ek glo vas dat die Hemelse Vader my nog weer die geleentheid sal gun om julle weer te sien en jou nog eenmaal teen my bors vas te druk.

Dit gaan goed met Pappa en ek is baie geseënd om 'n vrou en kinders te hê wat so lief is vir my. Dit is vir my maar hartseer om te beleef dat my kragte nie meer is wat dit was nie en dat selfs lang ritte per motor wat nog altyd vir my "wow" was, my in die laaste tyd begin vermoei. Ek geniet dit egter nog steeds. Dit maak veral vir my my saamwees met Mamma baie spesiaal.

Gelukkig seën die Vader my nog met genoegsame gesondheid om ons besigheid suksesvol te bestuur, en dit gee vir my sin aan my bestaan. Ek is nou eenmaal nie een om by die huis te sit en al agter Mamma aan te skuifel en dan miskien boontjies te kerf nie. Dit sal my mal maak en vir Mamma ook. Ek weet ook ek het nog 'n taak om te

verrig in God se groot raadsplan, en ek vertrou dat ons nog genoeg geleentheid sal hê om mekaar se samesyn te waardeer.
Onthou maar: ' Tropic skies are jealous of your blue eyes – Jealous because you're mine..'

Al my liefde,
Jou verlangende Pa.

Riviere nostalgie spoel teen my wange af.

*

Wanneer Pappa die eerste keer vir my die storie agter my naam vertel het, weet ek nie. Ek ken die storie al so lank as wat ek kan onthou.

Terwyl Mamma swanger was met my, het Pappa een aand gesit en na 'n langspeelplaat van Bing Crosby geluister. Die lied "Sweet Leilani" het sy hartsnare geroer:

Sweet Leilani, Heavenly flower,
Nature fashioned roses kissed with dew (Leilani, Le)
And then she placed them in a bower (Leilani, Le)
It was the start of you
Sweet Leilani, Heavenly flower,
I dreamed of paradise for two (Leilani, Le)
You are my paradise completed (Leilani, Le)
You are my dream come true
Sweet Leilani, Heavenly flower,
Tropic skies are jealous as they shine (my sweet Leilani, Le)
I think they're jealous of your blue eyes (oh, lovely Leilani, Le)
Jealous because you're mine.[13]

Terwyl die lied gespeel het, het Pappa in sy geestesoog 'n klein dogtertjie met blonde haartjies en blou ogies gesien wat laggend opkyk na hom en sê: "Pappa!"

Net daar het hy opgestaan, na Mamma toe geloop en vir haar gesê: "Die baba wat jy dra gaan 'n dogtertjie wees. Sy gaan blonde hare en blou oë hê en haar naam gaan 'Lijlanie' wees."

Mamma se ma, Ouma Grappie, se ouers het vanuit Holland na Suid-Afrika geëmigreer. Oupagrootjie was eers 'n sendeling in Angola. Nadat hy 'n bloutjie met malaria geloop het, het hy en Oumagrootjie hulle in Suid-Afrika gevestig. Ouma Grappie se doopname is "Lijsbert Schaafsma" - vandaar die Nederlandse spelling van my naam.

Pappa het gereeld vir my die lied gespeel. Soms het hy die plaat gespeel, ander kere het hy dit op die kitaar gespeel en vir my gesing, maar meestal het hy die lied op die klavier gespeel. Sy aanslag het dan verander, teerder geword as wanneer hy ander musiek speel, en 'n mens kon aanvoel en sien hoe Pappa sy hele hart op die klawers uitstort.

*

8 Junie 2019: Ek: "Sjoe! Die griep het my plat hierdie week! Maar nou ja, 'n Mamma se 'plat' sluit mos steeds wasgoedwas, kosmaak, huisskoonmaak, *homeschool* en - in die woorde van *The King and I* – *et cetera, et cetera* in.

"Ek weet Pappa se simptome is dieselfde as myne, so ek en Mamma het besluit dis Lindi se verlang-siekte wat ons het." Ek heg 'n knipoog-*emoji* aan.

Keer op keer wanneer Lin 'n skoolkamp of veldskool moes bywoon – en veral tydens haar ontgroening op universiteit – het sy verskriklik siek geword. Wonder bo wonder het die siekte genees die oomblik wat sy veilig terug was onder Pa en Ma se dak.

14 Junie droom Lin ons woon op 'n landgoed met 'n groot landskap voor ons – en sy is hier!

Ek stoei met die griep en laat weet Aäron dat ek my pa baie mis.

6.02nm: Lin: "Sus, Pa se PSA-telling is baie hoog! Dis 30 en dis veronderstel om 4 te wees. Ons bid dat hierdie struikelblok sy getuienis sal wees."

Ek: "Amen".
Ek begin dadelik vir Pappa in te tree.

Circle of Trust-gesprekslyn:

10.09nm: Ander Sus: "Lij, jou ander seun het sy baard geskeer!"

10.18nm: Lin: "Moet hy nie in elk geval skeer vir skool nie?"

10.20nm: Ander Sus: "Nee, hy was nog te klein daarvoor."

Lin: "'Skuus! Ek's nou by! Sjoe, kan dit nie dink nie!"

15 Junie: 6.05vm: Ek: "Nou word hy heeltemal te vinnig groot! Niki het gister vir haar eerste facial gegaan. Toe sy die eerste keer haar beenhare geskeer het, het sy halfpad deur die skeerproses die gladde been teen die harige been gehou en gesê: 'These long hairs are not my style!'"

Almal: LOL!

16 Junie: Ek – Stempos: "Vandag is ek so dankbaar dat ons vir Pappa kan sê 'Gelukkige Vadersdag'. Soveel van my vriende het reeds een of meer van hul ouers verloor. Laat ons elke spesiale dag stop en vir God dankie sê dat ons nog albei ons ouers het."

Tydens my stiltetyd, op die einste Vadersdag, gee God aan my die volgende skrifgedeelte: *"And whatever you ask for in prayer, having faith and really believing, you will receive"*[14]. Met albei hande gryp ek die belofte aan wat God na my uithou. In ink skryf ek langs die vers: 'Pappa PSA' en trek die 'PSA' met 'n kruisie dood.

Dadelik deel ek dit met Aäron, sodat ons in die gees oor die saak kan saamstem.

Die volgende dag trek Jesus my weer nader en fluister in my oor: *"Whatever you ask in My name, that I will do, that the Father may be glorified in the Son. If you ask anything in My name, I will do it!"*[15] Aäron se gees resoneer weer en die aanval word sterker.

Twee dae later besluit 'n agtelosige vrou om nie by die roundabout stil te hou vir die aankomende verkeer van regs nie. Jesus se bloed is oor sy kryger: ek en Niki is oukei – ons kar nie.

Drie dae later vier ek my ses-en-veertigste verjaardag en my een susterskind sy tiende.

24 Junie: Lin: "Dis wat gebeur wanneer Phillip nie hier is nie: ons moet self hout in ons kruiwa aanry en self vuur maak. Middelburg-temperature minus een en agtien."

Ek: "Agge nee, man! Toughen up! Ons temperature was vannag een en maksimum is veertien – en niemand kap vir ons hout nie!"

25 Junie: 12.11nm: Mamma stuur 'n gebed op WhatsApp.

Ek: "Hoekom slaap Ma nie?"

Ma: "Jy hou my dop, nè?"

Ek: "Jip, iemand moet!"

Ma: "Lief die tegnologie. Jy is so ver - maar met die foontjie - so naby."

7.46nm: Lin: "Sjoe, julle was omtrent aan die gesels!"

Ek: "Iemand moet 'n ogie oor Ma hou as sy so in die kuberruimte rinkink!"

26 Junie: Ander sus: *"Peace is what I leave with you; it is my own peace that I give you. I do not give as the world does. Do not be worried and upset; do not be afraid."*[16]

Tydens 'n telefoongesprek met Pappa op 1 Julie deel ek onder andere weer Johannes 14:13-14 met hom: *"And whatever you ask in My name, that I will do, that the Father may be glorified in the Son. If you ask anything in My name, I will do it!"*[17]

Pappa beaam dit soos volg: "Ja, my kind, as dit die Here se wil is, sal Hy my gesond maak."

Koud kom vat die besef om my hart: my pa is reg om huis toe te gaan. Dis vir hom om't ewe of die Here hom genees of nie, want hy weet waarheen hy gaan. My gees kom meteens in opstand. Ek hoor Ouma Lenie se woorde duidelik in my geestesoor: "Soos die Here wil". Pappa se mamma het nooit gesê "as die Here wil nie" maar altyd "soos die Here wil".

Vir dae worstel ek hieroor met die Here. Wanneer ek so met God stoei, praat Hy gewoonlik met my in drievoud: deur 'n persoon, deur Sy Woord en deur 'n geestes-openbaring. Een Sondag luister ek na 'n preek waartydens die prediker verklaar dat ons nie hoef te wonder wat God se wil is indien Hy dit duidelik in Sy Woord bekend gemaak het nie.

Gedurende my stiltetyd tel die Heilige Gees my op Sy skoot en vertel weer vir my die hartroerende verhaal van die man wat aan 'n ernstige velsiekte gelei het. Hy het voor Jesus se voete neergeval en hom gesmeek: "Here, as U wil, kan U my gesond maak."

Skielik breek die Heilige Gees die verhaaltjie vir my oop en ek hoor die storie soos nog nooit tevore nie! Ek hoor Jesus met vreugde en liefde uitroep: "Ek wil! Natuurlik wil Ek!"

En Jesus het Sy hand uitgesteek en die man aangeraak en hy het onmiddellik gesond geword. Jesus fluister weer in my oor: "Ek wil jou Pappa gesond maak. Daarom kan jy met vrymoedigheid na die troon van genade gaan."[18]

Op die tweede Julie deel ek dit in 'n stempos met Pappa.

Mamma laat weet my dat Pappa alleen Pretoria toe gaan ry vir sy afspraak met die uroloog, sodat sy in die stoffeerwinkel kan waarneem. Die idee stuit my erg teen die bors.

"Kan Michael nie saam met Pa ry nie?" vra ek. Mamma besluit dit is 'n goeie idee en dat sy hom sal vra. Groot is my verligting toe sy 'n bietjie later laat weet:

"So bly. Michael ry Woensdag saam met Pa Pretoria toe."

Ek: "O, dankie tog. Ek en Mamma wou regtig nie hê Pappa moet alleen ry nie. Lekker *bonding time* vir Oupa en sy eerste kleinkind."

Ander sus: "Plesier, Mamsie. Michael het gister verby 'n baie lelike ongeluk gery op pad terug van Potch af. So dankbaar God is altyd getrou! Ons Beskermer slaap nie! Dankie vir die bloed van Jesus!"

3 Julie: Ander sus: *"And the devil saw me with my head down and thought he won. Until I said: 'Amen' and stood up."*[19]

Ek: *"When God's warriors go down on their knees, the battle is NOT over, it has just begun!"*[20]

Die Stem uit die Ewigheid roep my nader. Ek klim op Sy skoot en Hy neem my hand en lei my terug na die handelinge van die apostels tweeduisend jaar gelede: "En deur die geloof in Sy Naam het Sy Naam hierdie man, wat julle sien en ken, sterk gemaak, en die geloof wat deur Hom is, het Hom hierdie volkome gesondheid gegee in die teenwoordigheid van julle almal...Julle almal...moet weet dat dit in die Naam van Jesus Christus van Nasaret is dat hy hier gesond voor julle staan – dié Jesus vir wie julle gekruisig het, maar wat God uit die dood opgewek het."[21]

Ek kyk op en sluit my oë met my hande na Bo. *HERE, Here, ek glo dit met my hele hart!*

Later bel ek vir Pappa om hom sterkte toe te wens met die afspraak en 'n veilige reis toe te bid. Tydens ons gesprek herinner ek hom aan Joel Osteen se woorde: *'Praise precedes the victory!'* "Pappa, ek dank die Here nou al dat Pappa besig is om gesond te word, want Jerigo se mure het geval, omdat die gejuig opgegaan het en nie andersom nie!"

4 Julie: Ma: "Misverstand by dokter. Toe pa daar kom sê hulle die afspraak is eers vir 10 Julie. Hulle kan nie eers vir hom 'n tyd gee nie. Hulle is baie deurmekaar daar."

Ek: "Ai toggie, Mamma! Wel, nou het ons 'n week langer om geestelik oorlog te voer en God elke dag te loof en te prys vir Sy wonderwerkende genesing. Kom die tiende, is hierdie span krygers reg om die duiwel te vermorsel!"

"Kyk, Ek gee aan julle die mag om op slange en skerpioene te trap, en oor al die krag van die vyand; en niks sal julle ooit skade doen nie."[22]

7 Julie: Ma: *"Satan's target is your mind and his weapons are lies. So fill your mind with the word of God."*[23]

8 Julie: Ma: *"Let your faith be bigger than your fear."*[24]

10 Julie: Nog 'n doktersbesoek lê voor. Ek: "Sterkte vir vandag, Pappa."

Pappa: "Dankie, my lieflingskind."

'n Bietjie later kom nog slegte nuus: die kanker is te groot om uit te haal, maar Pappa moet vir 'n biopsie gaan.

11 Julie: Ek: *"Faith takes us beyond ourselves to where God is."*[25]

12 Julie: Die Here stuur weer vir my 'n boodskap van Joel Osteen:

"Let us drain the miracle working power of Jesus Christ right out of Him!"

Donderdag 26 Julie gaan Pappa vir die biopsie.
Vrydagoggend, net voor hy ontslaan word, kry ek kans om met hom oor die foon te gesels. Pappa klink heel oukei en positief. 'n Bietjie later kry ek 'n SMS wat sê: "Jippee!!! Ek gaan huis toe!"
Ek doen 'n *happy*-dans en pink 'n traan weg...

Hoofstuk 4

Andante, Andante[26]...

Dis vroeg Sondagoggend. Alles slaap nog: die voëltjies en die son ook, want dis nog pikdonker buite. Sedert Pappa se opgewonde boodskap dat hy ontslaan word, het ek nog niks weer van hulle gehoor nie. Voel-voel vat ek my foon raak en hou die kragknoppie in. Na 'n paar sekondes verskyn die appeltjie. Terwyl ek wag, skakel ek solank die ketel aan en skil 'n appel. Soos elke oggend, maak ek eerste die WhatsApp-toepassing oop. Dankie, tog! 'n Stempos van Lindi.

Die soet appel stol skielik in my keel en raak galbitter. Lindi se stemmetjie klink broos. Net voor die dokter Pappa ontslaan het, het hy hom meegedeel dat hy kon sien dat die kanker reeds in die been en kliere was.

Ek is platgeslaan. Hoekom het Pappa my nie dadelik laat weet nie? Ek wil bel, maar weet nie wat om te sê nie. Pappa en Mamma probeer dit seker self nog verwerk? Dit voel of my binnegoed op die grond geval het. My man, seun en swaer is nog onder in Wellington om die All Black-Springbok-wedstryd te gaan kyk en vlieg eers later vandag terug. Dit is net ek en my dogtertjie by die huis. Miskien goed so, want ek het nou geen woorde om met enigiemand te deel nie. My bene en arms voel lam.

Lam of te nie, ek moet vanoggend kerk toe gaan. Dalk, tussen die gemeenskap van gelowiges, vind ek êrens 'n stukkie dryfhout om aan vas te hou. Intussen het Niki wakker geword en my kom roep om saam met haar koffie te drink. Gelukkig is sy nog deur die slaap en gesels nie te veel nie. Kamma geskok loer ek na my horlosie en maak verskoning om te gaan stort.

In die stort, veilig agter twee toe deure met die water wat oor my stroom, breek die sluise oop. Rou snikke skeur deur my bors. Die straaltjies water oor my gesig meng met die trane en drup seewatersout op die stortvloer. Ek rus my kop en hande teen die glaswande van die stort en sak stadig af in 'n bondeltjie. Daar, op Jesus se skoot, krul ek myself op.

Later hou die snikke op, maar die trane wil nie ophou vloei nie. My lippe soek na woorde om te bid, maar my brein wat die woorde moet stuur, kry hulle nie aangekeer om aan te stuur lippe toe nie. Al wat in my kop maal, is die woorde van een van die liedjies van gisteraand se fliek:

"Andante! Andante! Tread lightly on my ground!
Andante! Andante! Oh, please don't let me down!"[27]

Oor en oor huil-sing ek die woorde. Meganies klim ek uit die stort en droog myself af. Al my energie het saam met die water in die stort afgespoel. Ek val plat op my gesig voor God se voete neer en gryp naarstiglik na die soom van Sy kleed. My vuiste klou daaraan vas - asof dit my enigste redding is – want dit is!

Huilend en smekend sing ek sag en stukkend:

"Andante! Andante! Tread lightly on our ground!
Andante! Andante! Oh, please don't let us down!"

Soos ek dit oor en oor vir my Hemelse Pappa sing, verander die woorde na:

"Jehova Rapheka, Your healing I proclaim!
Jehova Rapheka, my dad! In Jesus Name!
Jehova Rapheka, let healing blessings flow!
Jehova Rapheka, in You our faith now grow!"

Wanneer ek vir iets spesifieks bid, is dit my gewoonte om eers die Here op daardie spesifieke Naam van Voorsiening wat Hy vir ons in die Bybel gee, aan te roep. Teen die tyd dat ek by my behoefte uitkom, glo ek dan reeds dat Hy dit kan doen, want ek het mos reeds vooraf bevestig Hy kan. "*Jehova Rapheka*", die Hebreeuse woorde vir "God ons Geneesheer", is al wat ek Hom nou kan noem.

So effens in 'n waas ry ek later kerk toe. Werktuiglik teken ek Niki by die kinderkerk in en vind my weg ouditorium toe. Ek probeer om nie te veel rond te kyk nie. Hier en daar groet iemand en ek groet vinnig met 'n geforseerde glimlag terwyl ek so gou moontlik by my sitplek probeer uitkom. Dadelik laat sak ek my kop en maak my oë toe. Krag om voor die diens te gesels, het ek regtig nie vandag nie. Woordeloos sit ek daar voor God – leeg en stom.

Terwyl ek so sit, kom fluister die Stem uit die Ewigheid twee woorde in my oor: *"Healing Board."*

Here?

"Maak vir jou pa 'n *healing board.*"

Na die diens stap ek reguit kinderkerk toe, kry vir Niki en klim in die kar. "Here, ek het geen idee wat op hierdie *'healing board'* moet kom nie, maar ek sal doen wat U sê." In 'n stap van gehoorsaamheid draai ek in by die Dollar-winkel op pad huis toe en koop 'n groot wit plakkaat.

Tot in hierdie stadium kon ek nie die woorde 'My pa het kanker' sê nie. As daardie groot K aan jou hart kom vat, is dit 'n onuitspreeklike woord. Dis asof iemand jou asem steel elke keer wat jy dit wil sê.

By die huis aangekom, vra Niki of sy 'n storie op die TV mag kyk. Met 'n sug van verligting stem ek in en vlug studeerkamer toe. Bewend sit ek die wit bord op die tafel voor my neer. Ek haal diep asem en plaas albei hande op die leë plakkaat. Met geboë hoof sê ek: "Here, soos Paulus staan ek vandag voor U genadetroon en sê: *I claim to know nothing, except Jesus Christ and Him crucified!*"[28]

Skielik weet ek: ek moet hierdie vyand aanspreek! Terwyl ek nog te bang is om sy naam te sê, gee ek hom mag oor my. Tussen al die ander viltpenne vind ek 'n dik rooie. Ek haal weer diep asem en die bewery binne my word stil. Sterk en seker, terwyl ek die woorde hard en uitdruklik sê, skryf ek stadig in groot, vet, rooi letters in die middel van die plakkaat:

'Cancer, you cannot have my dad!'

Soos water wat opgebou het en skielik deur 'n skeur in 'n rotswand breek, voel ek hoe bonatuurlike krag van my besit neem. Hierdie vyand is nou aangespreek en moet vernietig word! spreek my gees.

Dadelik begin ek in my laaitjie met plakboekletters krap. Dit neem my nie lank om die regte grootte vet hoofletters te vind nie. Vasbeslote en gedrewe plak ek bo-oor die *'Cancer you cannot have'* die volgende: *CHRIST WILL HEAL* sodat die sin lees:

CHRIST WILL HEAL my dad!

Oukei, Here. Die belangrikste is nou gedoen. Die vyand het nie meer mag oor my nie. Ek het hom aangespreek en U Woord bo-oor hom verklaar.

"Gee nou die bord 'n naam," kom die Stem uit die Ewigheid.

Weer krap ek in die laaitjie. Na 'n paar minute se pas en plak, staan ek terug en bekyk die bord.

MY DAD'S HEALING BOARD

Vir die eerste keer vandag voel ek hoe 'n effense glimlag aan my een mondhoek pluk. Soos koel, lafende branders wat saggies oor die warm sand rol om dit af te koel, spoel die besef deur my: Ek moes eers my vrees identifiseer voordat ek kon glo in die opskrif *'My dad' s healing board.'*

Joel Osteen se slagspreuk klink meteens in my ore: *"Praise precedes the victory!"* Ek skryf links bo, net onder die opskrif:

"Hallelujah! Praise precedes the victory! Jericho's walls fell because of their shouts of joy and not the other way around."

"I raise a hallelujah[29]*"* voeg ek die daad by die woord. Gelukkig het ek en Aäron reeds 'n paar oorlogsliedere in ons wapenarsenaal.

Een na die ander speel ek hierdie liedere. Danksy die altyd gewillige YouTube vind ek maklik die lirieke en druk dit een na die ander uit, terwyl die musiek al harder speel en ek ewe hard saam sing. Die Heilige Gees neem oor en meteens is ek vol vindingryke idees.

Kort voor lank hang die lirieke van *I raise a hallelujah*, *I will be confident*[30] en *Whom shall I fear*[31] aan lintjies en hangertjies bo-oor die bord. Tydens my pa se eerste kuier by my in Nieu-Seeland het hy, voordat hy teruggevlieg het, vir my 'n silwer hangertjie met 'n musieknoot-simbool gekoop. 'n Paar jaar later het my man na een van sy sakebesoeke aan Suid-Afrika Kersgeskenke van my ouers af saamgebring. Pappa en Mamma het toe 'n silwer hangertjie met 'n kruisie saamgestuur.

Ek hang *I will be confident* en *Whom shall I fear* se lirieke versigtig aan die twee hangertjies op en speld dit teen die bord vas. Twee goue kruisies en 'n kruisie met Nieu-Seelandse paua-skulp hang aan die ander drie lintjies. Ek weet daar moet nog 'n paar oorlogsliedere hier hang, maar die Heilige Gees sal nog kom sê watter.

Ek blaai so 'n bietjie terug op ons WhatsApp-gesprekslyn en kry nog wapens. Toegerus met ons wapenrusting begin ek en Aäron bid vir 'n wonderwerk soos nog nooit tevore nie:

"Because when God's warriors go down on their knees, the battle is NOT over. It has just begun!"[32]

Hierdie prentjie was al vir 'n geruime tyd voor my pa se diagnose op my Facebook-profiel, so ek het dit uitgedruk en ook op my *healing board* geplak.

Nog 'n paar wapens vanuit ons WhatsApp-gesprekslyn vind hul weg na Pappa se genesingsplakkaat:

"For we wrestle not against flesh and blood, but against principalities, against powers, against the rulers of the darkness of this world, against spiritual wickedness in high places."[33]

"Faith takes us beyond ourselves to where God is."[34]

Ek staan terug en bekyk die bord met al die Skrif en oorlog-slagspreuke daarop. Hardop verklaar ek:

"Therefore I declare in the Name of Jesus Christ: Cancer, you cannot have my dad! CHRIST WILL HEAL my dad!"

Met vasberadenheid en 'n onwrikbare geloof verpersoonlik ek die Skrif wat Jesus reeds vir my gegee het: Handelinge 3:16 redigeer ek om soos volg te lees:

"En deur die geloof in Sy Naam het Sy Naam hierdie man – Chris Viljoen - wat julle sien en ken, sterk gemaak, en die geloof wat deur Hom is, het hom hierdie volkome gesondheid gegee in die teenwoordigheid van julle almal."[35]

Hierdie vers sou ek later van die daknokke af skreeu!

Handelinge 4:10 en Romeine 8:11 verkry ook bonatuurlike krag deur my verpersoonliking:

"Julle almal en die hele volk Israel moet weet dat dit in die Naam van Jesus Christus van Nasaret is dat Chris Viljoen hier gesond voor julle staan – die Jesus vir wie julle gekruisig het, maar wat God uit die dood opgewek het...Want dieselfde krag wat Jesus uit die dood uit opgewek het, is binne-in ons!"[36]

Jesus se uitroep van gewilligheid om te genees, word ook met berekende presiesheid en onstuitbare geloof op my bord vasgeplak:

"'Lord, if you are willing, You can make me clean.' Reaching out His Hand He touched him, saying: 'I am willing! Be made clean.' Immediately his disease was healed."[37]

Sodat moed my nie ontbreek wanneer die vyand dreigend om die hoek gesluip kom nie, bevestig die Stem uit die Ewigheid: *"Look, I have given you the authority to trample on snakes and scorpions and over all the power of the enemy; nothing will ever harm you!"*[38]

Stadig en sorgvuldig afgemeet, lees ek elke woord weer hardop nadat ek dit op die bord geskryf het. "So ja! Dankie, Here."

Eers neem ek 'n foto van die hele bord. Daarna fokus ek op die onderskeie slagspreuke, Skrif en oorloglirieke en stuur dit vir Pappa.

"Pappa, die dokter se bevinding is 'n mens se bevinding en staan nie so in die hemel opgeskryf nie! In Jesus se Naam kanselleer ek dit en spreek lewe oor Pappa; genesing en nie siekte nie. Dankie Heilige Gees dat U vir ons intree met onuitspreeklike versugtinge, omdat ons nie altyd weet wat ons moet bid nie."[39]

I will be confident begin te speel. Ek draai die volume harder en verklaar kliphard saam:

"He made me a promise. He gave me a calling. I know that He's able to keep me from falling. I focus my hope. The past is gone. The moment to prove the power of God has come! In this I will be confident! The time is now; the odds are long; the haters are loud; the pressure is on. But devil, you messed with the wrong one! I got my sling, I got my stone, and in the name of my God I will overcome! In this I will be confident!"[40]

Uitgeput sak ek op my knieë neer. Saggies, asof uit die verte, kom Brandon Lake se stem vanuit my speellys:

"Mountains are still being moved. Strongholds are still being loosed. God we believe it, 'cause yes! We can see that wonders are still what You do. Bodies are still being raised. Giants are still being slain. God we believe, 'cause yes! We can see that wonders are still what you do."[41]

Sela.
Amen.

Hoofstuk 5

Die geloof van Chris Viljoen se dogters

Ek kry egter nie kans om weer oor die naweek met Pappa of Mamma te praat nie. 'n Spul familie het deurgery en oorgeslaap. So al asof hulle kom groet?

Aäron: "Ek het vanoggend sonder brieke gehuil!"

Ek: "Toe jy gaan slaap, het ek weer begin huil. Vanoggend kon ek nie saam met die ander koffie drink nie. Terwyl hulle koffie gedrink het, het ek in die stort kliphard gehuil."

Aäron: "Dit voel of die stort darem so 'n bietjie van die trane afwas. Ek is mal oor jou Healing Board. Dankie vir die Skrif wat jy deurstuur."

Ek: "Wanneer ek so lam voel, gaan staan ek voor die bord en verklaar alles hardop wat daarop staan. Dit help om my weer sterk te maak."

Aäron: "Ons sal mekaar dra. Wanneer jy swak is, sal ek sterk wees en wanneer ek weer swak is, sal jy sterk wees."

Ek: "Ek wens ons kon mekaar net vashou! Ek wens ek kan net op die bed langs Pappa opkrul en by hom lê!"

Aäron: "Ek weet dis vir jou swaar om so ver te wees. Ek mis jou so!"

Ek: "En ek vir jou!"

Aäron: "Ek kan nog nie die woord oor my lippe kry nie…"

Ek: "Toemaar, ek het klaar. Nou is daardie woord reeds aan die kruis vasgespyker."

Teetyd gaan sit ek buite in die yl wintersonnetjie en peusel aan 'n tussenhappie terwyl ek na die wolke staar. Onthou neem my terug na my laerskooldae.

*

"Pappa?" roep ek.

Daar sien ek Pappa op die gras lê. Hy lê plat op sy rug, met sy bene gebuig, voete op die grond.

"Haai, my Roosknop. Kom lê bietjie hier langs my," nooi Pappa my vriendelik uit.

Gretig gehoorsaam ek. Ek kry so min tyd om alleen saam met Pappa goeters te doen. "Wat doen ons nou?" vra ek nuuskierig.

"Nou lê ons bietjie op ons rûe en kyk na die wolke."

"Hoekom?"

Pappa haal diep asem en blaas dit genoeglik en stadig uit. "Wat sien jy?" vra hy.

Vir 'n rukkie is daar stilte. Ek draai my kop effe skeef. "Haai, Pappa, kyk!" roep ek opgewonde uit. "Daardie wolk lyk soos Pinocchio!" lag ek.

Pappa stem saam. "En daar is ou Mario wat sy eie stert jaag," lag Pappa saam.

Een na die ander neem elke wolk 'n ander vorm aan. Ons lag lekker wanneer hul neuse skeef trek en in iets anders verander…

*

Vandag, byna veertig jaar later, lyk die wolke soos krygers op perde met strydwaens – wapens omhoog – besig om oorlog te voer. Soos ek hier op die stoep sit, kyk ek in 'n noordelike rigting. Die voorste linie wolke – die krygers – beweeg weswaarts in Suid-Afrika se rigting. Saggies fluister die Stem uit die Ewigheid:

"Soos jy bid en geestelik oorlog voer, stuur Ek engele-krygers, Mý geestelike krygers, Suid-Afrika toe om hierdie ding te beveg."

58

Met meer intense konsentrasie hou ek die wolke dop. *Sjoe, hulle beweeg maar bietjie stadig,* dink ek. *Teen hierdie tempo gaan hulle lank neem om in Suid-Afrika uit te kom.*

Die Stem draai Sy kop na my met 'n skewe glimlag: "Onthou, eerstens beweeg die wolke daarbo baie vinniger as wat dit vir jou hier onder lyk. Tweedens, jy bid mos nie van gister af vir jou pa nie?"

My hart word vol van krygermoed soos ek na al hierdie gepantserde krygers met verskillende vorms en groottes kyk. Ek besef daar is verskillende tipes demone waarteen ons veg; daarom al die verskillende vorme van krygers.

Agter die krygers sien ek 'n ander wolk wat in die teenoorgestelde rigting beweeg – in 'n oostelike rigting – weg van Suid-Afrika af. Met skrefies-oë bestudeer ek die vorm van die wolk. Dit lyk soos 'n bekkenbeen. Binne-in die bekkenbeen sien ek 'n paar kleiner wolkies wat soos kliere lyk.

Duidelik sê die Stem vir my: "Soos hierdie krygers veg, beweeg daardie kanker al verder en verder weg van jou pappa af."

Jesus! Ek staan daarop! Ek staan daarop!

Drie-uur die middag sit ek vir die eerste keer die dag grimering aan. Gewoonlik loop ek nie by die voordeur uit sonder maskara nie – en ek gaan stap soggens vroeg!

Met sonsopkoms in Suid-Afrika bel ek vir Tannie Mini, Pappa se oudste suster wat daardie nag by hulle oorgeslaap het. Opgewonde vertel ek haar van my visioen. Sy bevestig dat sy daardie nag 'n droom met dieselfde boodskap gehad het. Verenig in gees en gebed staan ons saam op Pappa se genesing.

Soos ek Mamma ken, is sy druk besig om vir almal ontbyt te maak, so ek sal liewer nie nou bel en haar steur nie.

Maandagmiddag stuur Pappa 'n video-boodskap aan sy dogters. Hy sit op hul dubbelbed. Agter sy kop is die gekwilte kopstuk bokant die spieël aan die koppenent van hul bed. Blou, room, geel en maroen diamantkwilte. Dit is handgemaak – Pappa se eie handewerk. Pappa is 'n kunstenaar op baie gebiede. Hy kan byvoorbeeld enige musiekinstrument bespeel en hy doen dit net op gehoor, met geen bladmusiek nie. Stoffering is die een spesialiteitsgebied waarop hy 'n perfeksionis is.

"Aan al Pa se pragtige dogters. Ek wil net vir julle sê: Baie, baie dankie! Ek is inderdaad geseën om sulke wonderlike kinders soos julle te hê. Dankie vir die wyse waarop julle my in jul gebede aan die Here opdra. Wees verseker, dit is die vlerke wat my optel, wat my elke dag met vreugde tegemoet laat gaan, wetende ek het nog so baie om te doen.

Ek wil vir julle vra, wanneer die Here my eendag kom haal, dat julle op my grafsteen sal skryf: "Die meetsnoere het vir my in lieflike plekke geval. Ja, my erfenis is vir my mooi."[42] Lekker doeks, julle. Wees verseker, Pa is verskriklik lief vir elkeen van julle. Bye!"

Hartseer riviere spoel strepe oor my wange. Ek besef weer: Pappa is reg om huis toe te gaan. *He's happy either way.*

My gees kom weer in opstand en ek val voor God se voete neer, gryp-gryp na Sy kleed. Ek herinner Hom aan die verlamde man se vriende wat 'n gat in die dak gegrawe het om hom by Jesus uit te kry. In Lukas 5:23 staan daar geskrywe dat toe Jesus die geloof van sy vriende gesien het, Hy vir hom gesê het: "Jou sondes is vergewe... Staan op en loop!"[43]

Weereens verpersoonlik ek die Skrif en roep uit: "Jesus, toe U die geloof van Chris Viljoen se dogters sien, het U vir hom gesê: 'Staan op en loop!' Jesus, U Woord kan nie lieg nie! U Woord sê U wil my pa genees! Al is dit net omdat U die geloof van Chris Viljoen se dogters gesien het!"

Teen Dinsdagoggend SA-tyd is ek rasend. Ek kon nog nie sedert die diagnose behoorlik met Pappa of Mamma gesels nie, want hul huis was die heeltyd vol mense en Maandag is hulle weer werk toe. Met bewende vingers druk ek op Mamma se nommer en vang Pappa net voor hy by die deur uitstap, op pad werk toe. Toe ek hul stemme hoor, begin ek verskriklik huil – veral omdat ek nie daar kan wees nie. Pappa troos vinnig en groet – die winkel moet oopgesluit word.

Saam huil ek en Mamma so 'n rukkie oor die foon, maar eindig ons gesprek met 'n gebed en spreek weer lewe.

Vroeg Woensdagoggend is daar 'n videoboodskap van Pappa af. Die lug is grou bokant sy kop. In die agtergrond steek die rooi dak van die werkswinkel uit en die gezoem van die masjinerie en kragopwekker druis dofweg in die agtergrond.

"Hallo, Poplap.

Pa vat sommer gou 'n tydjie om net bietjie met jou te gesels. Ek wil vir julle vra dat ons almal nou hierdie groot, swaar pakket vat en dit finaal voor die voete van Jesus lê. Dan kan ons daarvan vergeet, want anders is ons geloof nie waar dit moet wees nie. Sy wil sal geskied en Sy wil is altyd in alles vir ons ten beste.

Ek sal julle op hoogte hou. Ek het vandag die dokter geskakel. Hulle het nog nie uitslae nie. Ek het vir Ma gesê as dit so dringend was, sou die uitslae lankal daar uitgekom het. Wanneer die uitslae of enige nuus kom, sal Pa vir julle laat weet.

So, wat ek nou vir julle vra, is om rustig te raak. Pleit die bloed van Jesus oor mekaar af, oor my af en oor ons almal af. Dan gaan ons met geloof, met vrede en met 'n lied in ons harte vorentoe. Want dit gaan goed met Pa."

Pappa se woorde resoneer met my gees, maar my hart is stukkend! Ek wil so bitter graag my pa styf vashou! Terwyl my hart en gees so stoei, biep my foon:

"A warrior is that woman who gets up despite the enemy trying to destroy her. A woman who declares victory before seeing it. A woman who believes she will receive her miracles, because she knows the Lord she serves is alive and powerful."[44]

Aäron en ek is dit eens: Hierdie gaan 'n verstommende getuienis wees!

Hoofstuk 6

Aäron en Hur

In die sewentiende hoofstuk van Eksodus lees ons die verhaal van die Israeliete en die Amalekiete.

"Toe die Amalekiete by Refidim teen Israel kom veg het, het Moses vir Josua gesê: 'Kies vir ons manskappe en gaan veg môre teen die Amalekiete. Dan sal ek op die top van die heuwel gaan staan met die kierie wat God my gegee het, in my hand.'
"Josua het gedoen wat Moses vir hom gesê het en ... teen die Amalekiete gaan veg. Moses, Aäron en Hur het tot op die top van die heuwel uitgeklim. Solank Moses sy hand opgehou het, was Israel die sterkste, en wanneer sy hand gesak het, die Amalekiete. Maar Moses se arms het begin moeg word. Hulle het toe 'n klip gevat en dit agter hom neergesit sodat hy daarop kon gaan sit. Aäron en Hur het sy arms van weerskante af ondersteun sodat sy arms regop gebly het tot sononder. Josua het die Amalekiete heeltemal verslaan..."[45]

Wanneer 'n mens oorlog voer, moet jy jou gevegsgenote, jou geesgenote, baie mooi kies. 'n Geesgenoot is iemand wat op dieselfde golflengte as jy is en dieselfde geestestaal as jy praat. Dit is iemand met wie jy in 'n verhouding is – nie net 'n kennis nie en nie net 'n oulike tannie by die kerk nie. Dis nie noodwendig die vriendinne saam met wie jy een keer 'n maand gaan tee drink of fliek nie.

So seker as wat die aarde om die son wentel, so seker was ek en Aäron van die begin af dat my pa se oorlog teen kanker 'n geestelike en nie net 'n fisiese oorlog was nie. Ons het ook geweet dat ons mekaar deur hierdie oorlog moes dra.

Aäron se gees resoneer met myne. Paulus skryf in sy eerste brief aan die Korintiërs: *"The spirits of prophets are subject to prophets."*[46] Wanneer dit wat die Heilige Gees aan my geopenbaar het, geresoneer het met dit wat my gebedsgenote elk in hul eie gees ervaar het, kon ek nog al die jare met gerustheid weet dat ek nie sommer besig was om myself wys te maak wat ek graag wou hoor nie.

Aäron en ek is dit eens: Pappa gaan gesond word! Party dae is beter as ander. Party dae dra ek Aäron, ander dae dra Aäron my. Party dae is ons fisies siek en dan moet ons mekaar ook weer gesond bid en onsself gesond dokter, want 'n siek soldaat sit maar 'n powere geveg op.

'n Interessante verskynsel begin deel word van my oorlogvoering. Deesdae kry ek baie simptomatiese siektes en pyne wat kom en gaan. Nou die dag was dit blaasinfeksie – toe hoor ek Pappa het gesukkel met sy blaas. Verlede week was dit my maag. Mamma het laat weet Pappa het vreeslik gesukkel met sy maag. Soms neem 'n beklemming van my bors besit en sukkel ek om asem te kry. Dan hoor ek Pappa het die vorige nag nie lekker geslaap nie, want hy kon nie asem kry nie. So leer ek om maar net te bid vir elke simptome wat ek voel, totdat dit weggaan. Pappa s'n is dan gewoonlik ook weer beter.

Party dae kyk ek vir myself in die spieël terwyl ek oorlog voer sodat ek myself kan glo wanneer die vyand my keel wil kom toedruk. Ek ontdek *'101 healing scriptures'* op YouTube en op hierdie moeilike dae speel ek dit oor en oor terwyl ek oefen, terwyl ek kosmaak, terwyl ek leef en baklei vir my pa.

*

Aäron: "Ek voel vandag 'n bietjie swak, moeg en aangeval. Ek en my kinders het bronchitis en my vegters-ohm is op sy reserwe-tenk!"

Ek: "Ai, my liefste Aäron, die vyand val ons aan, want ons hou aan om moersleutels in sy speke te gooi. Gister het my gemoed weer 'n laagtepunt bereik. Die vyand wil ons verlam met hierdie diagnose, maar hy kan nie."

Aäron: "Ek voel hoe dra jou vlerke my."

Ek: "Pappa is reeds besig om gesond te word!"

Aäron: "Jesus wil Pappa gesond maak!"

Die Stem uit die Ewigheid: "Julle moet gelowig bid en nie twyfel nie!"

Ek: "Gaan slaap rustig, Aäron. Ek is nou weer veggereed. Maak vir jouself 'n *hot toddie*. (Onthou die brandewyn!) Môre voel jy weer beter."

Aäron: "Ons almal *nebulize* nou eers. Dit neem vir ewig!"

Die Stem uit die Ewigheid: "Ek weet julle is geestelik moeg en gedreineer. Hou net aan! Ek sal julle hierdeur dra!"

Ek: "Gaan slaap, Aäron. Die Heilige Gees tree vir ons in met onuitspreeklike versugtinge – veral wanneer ons te moeg en verslae is om te bid. Pas jouself op! Jy kan niemand anders help as jy self plat is nie." Ek eindig die boodskap met 'n *emoji* van 'n kwaai juffrou.

Aäron: "Ek waardeer jou so!"

Later die dag is Aäron se donker nag weer verby en bemoedig sy my met 'n boodskap vanaf die Stem uit die Ewigheid:

"'n Krygervrou staan op, al probeer die vyand haar verslaan. 'n Krygervrou verklaar oorwinning nog voordat sy dit sien. 'n Krygervrou glo dat sy reeds haar wonderwerk ontvang het, omdat sy 'n Lewende God dien!"[47]

Ek: "Amen!"

*

Net soos met die oorlog teen die Amalekiete, het ek ook darem nie net vir Aäron nie. Hur is ook daar. Nog voor Pappa se diagnose, het ek en Hur vir haar mamma begin oorlog voer.

Hur se mamma het breinkanker gekry. Hoewel die dokter voor die operasie aan hulle verduidelik het dat sy hulle dalk nie gaan herken na die operasie nie en van voor af sal moet leer loop en praat, het Hur se mamma nie getwyfel dat God met haar was nie. Toe stuur God 'n engel tydens die operasie om vir haar heilige water te gee. Sy sê dit was die soetste, lekkerste water wat sy nog ooit gedrink het!

Met die wakker word, het sy almal om haar dadelik herken. Sy kon praat en loop – al het dit aanvanklik 'n bietjie moeilik gegaan. Maar 'n paar dae later was sy haar vrolike self.

Hur is vir my wat my Aäron, daar in verre Afrika, nie kan wees nie. Sy is…hier!

Ongelukkig was Hur se Mamma se stryd nog nie klaar nie. Handelinge se Skrif wat ek vir my pa verpersoonlik het, het ek heel eerste vir Hur se Mamma, my Nieu-Seeland-Mamma, verpersoonlik. So, teen die tyd dat ek Pappa se diagnose ontvang het, was ek en Hur reeds hard besig om die kanker-oorlog te baklei.

Party dae is Hur platgeslaan omdat hulle slegte nuus gekry het. Dan help ek om haar arm hoog te hou. Ander dae is ek weer platgeslaan omdat Pappa nie goeie nuus gekry het nie. Dan help Hur weer om mý arm hoog te hou.

Wanneer die afstand tussen my en my pa vir my te veel raak, bel ek Hur se mamma – sommer net om te hoor hoe dit gaan. Met haar gaan dit ALTYD goed. Al lyk haar toetse hoe sleg, al voel sy moeg, al sukkel hulle om are te kry vir die hoeveelste immuno-terapie. Haar geloof bly deurentyd rotsvas en sterk. Wanneer sy praat, spreek sy lewe! Elke keer wat ek haar stem hoor, weet ek: Dit gaan goed met my pa. Hy sal oukei wees.

*

12 Augustus: Hur: "Ek bid vandag vir jou en jou gesin, jou sussies, jou pa en ma en almal wat vir jou pa lief is, 'n rustigheid in die hart toe en dat die week die begin sal wees van 'n vernuwende gemoed. Dat God ons ken, is ons troos. Dat God vir ons sorg, is ons geborgenheid. Ons weet dat God groter is as enige behandeling of medikasie, maar so ook bring God deur die mediese wetenskap heling van ons siekte, en deur alles is God ons hoop. Jesaja 40:31 sê: 'Die wat op die Here vertrou, kry nuwe krag.'"[48]

Ek: "Baie dankie vir hierdie pragtige boodskap so vroeg op die Maandagmôre! Vir julle bid ek Romeine 15:13: 'Mag God, die bron van hoop, julle deur julle geloof met alle vreugde en vrede vervul, sodat julle hoop al hoe sterker kan word deur die krag van die Heilige Gees!'[49] Saam gaan ons twee families getuig van die wonderlike genesende krag van Jesus Christus en oor hoe ons hoop nie beskaamd staan nie."

Hur: "Jou vertroue wat jy in die Here stel, is verseker jou wapen waarmee jy die slegte afweer. Jou geloof is sterk en so ook jou liefde vir God. Ek het ons geselsie Vrydag so geniet. Nadat jy weg is, het ek besef dat jou oë steeds met liefde straal, jou mond glimlag nog steeds met oorgawe en in hierdie situasie het jy steeds 'n absoluut bonatuurlike positiwiteit, al is daar steeds hartseer in en rondom ons. Dit sal verseker jou getuienis wees. Inteendeel, dit is nou al 'n getuienis, wanneer ek daaraan dink hoe jy vertel het dat jou pa rustig is en nie wil hê dat julle julself moet bekommer nie. Die feit dat hy vir jou 'n video gestuur het om te wys hy is oukei, is mos 'n teken dat jou pa ten volle op God staatmaak. Wat 'n vertroosting vir jou om dit te weet!"

Ek: "Ja, dis alles net genade."

13 Augustus: Ek: "Hur, baie dankie vir jou ondersteuning en dat jy hierdie stryd saam met ons baklei. Jy baklei dit nommer een vir jou eie ma, maar ons baklei ook saam as susters in Christus vir ons onderskeie ouers."

Hur: "Gister was Mamma se hart seer. Sy sukkel om gewig op te tel. Hulle kan slegs voortgaan met die behandeling indien sy gewig optel. Sy het al veertien kilogram verloor. Ek het Mamma daaraan herinner dat ons die volle wapenrusting aantrek en dat ons hierdie oorlog sal wen. Soos ek Vrydag na jou geluister het, kan jy dalk help met raad oor wat sy kan eet om gewig op te tel?"

14 Augustus: "Vanoggend kry ek 'n skakel na *Chris beats Cancer* op my Facebook-nuus. Die eerste toevalligheid is sy naam: Chris. Beide my pa én jou pa se naam! Boonop is hy 'n Christen, so baie van dit wat hy sê resoneer met my gees. Hy fokus ook baie op dieet. Ek stuur vir jou die skakel."

Hur: "God sê nie dat die pad wat ons stap maklik is nie. In my jongdae het ek altyd gedink Spreuke 3:6 beteken dat kinders van God dit maklik sal hê as hulle Hom ken in alles wat hulle doen: 'Ken Hom in al jou weë, dan sal Hy jou paaie gelyk maak.'[50]
"Vandag weet ek kinders van God moet ook berge uitklim. Die verskil is, as ons God nie geken het nie, sou ons elke opdraand sonder water en sonder 'n Helpende Hand moes opgaan. Vir ons wat God ken, is ons paaie gelyk. Al lyk dit nie so nie, stel Sy krag ons in staat om op gelyke paaie die berge uit te klim."

Ek: "Dis waar, God het nooit gesê die pad gaan maklik wees nie. Daarom het Hy vir ons die krag gegee om op slange en skerpioene te trap." My wasmasjien se deuntjie klink in die agtergrond. "Ek het vir die *Chris beats Cancer*-program geregistreer. Soos jy maar te goed weet, is ek iemand wat moet doen ook, jong. God het ons na Sy beeld gemaak, weinig minder as die engele, so ons moet darem vir onsself ook dink en ons geloof konstruktief uitleef."

Diep ingedagte begin ek om die wasgoed kledingstuk vir kledingstuk uit die wasmasjien te haal, uit te skud en so netjies moontlik oor die droograkke te hang. Stryk is nou nie juis groot onder immigrante nie...Ai, Florence, ek mis jou!

*

Ek: "Jou ma het my laat weet sy is op pad na haar volgende behandeling toe. Ek het haar laat weet dat ek vir haar intree en Handelinge 3:16 en 4:10 vir haar gestuur. Dit is dieselfde Skrif wat ek ook vir my pa bid, want ek glo regtig uit my hart uit dat jou mamma besig is om volkome te genees. Hoe kosbaar is hierdie Skrif tog nie: 'En deur die geloof in Sy Naam het Sy Naam hierdie vrou, Hur se Mamma, wat julle sien en ken, sterk gemaak en die geloof wat deur Hom is, het haar hierdie volkome gesondheid gegee in die teenwoordigheid van julle almal. Julle almal moet weet dat dit in die Naam van Jesus Christus van Nasaret is dat sy hier gesond voor julle staan. Die Jesus wat julle gekruisig het, maar wat God uit die dood opgewek het.'[51]

"Daardie selfde krag wat Jesus Christus uit die dood opgewek het, is ook binne-in ons. Daardie krag is besig om jou mamma volkome te genees. Ek dink aan julle, ek bid vir julle en ek dra julle in my gebede."

Hur: "Jy het so 'n rustigheid in jou stem, met 'n ondertoon van 'n vuur wat brand. Dit klink na 'n vreeslike kontras, maar jy het 'n gawe, Vrou! Jy sal moet begin *audios* maak om mense te inspireer en moed in te praat. Dalk inspirerende dagstukkies op *audio*?

"Terwyl ek bestuur en na jou stem en die Skrif luister, voel dit of daar 'n ton van my skouers afgelig word. Ek verpersoonlik ook nou die Skrif en die liedere. Dit maak dit lewendig. Ek leer so baie by jou. Ons tree ook konstant vir julle in.

"Terwyl ek vanoggend bed opmaak, dink ek daaraan dat jy sedert die dag wat jy uitgevind het van my ma konstant daar is vir ons. Bel my asseblief enige tyd van die dag of nag wanneer jy my nodig het. *Jesus Christ is our living hope!*"

Ek: "Jy laat my so *humble* voel…Dit beteken vir my so oneindig baie dat jy saam met my hierdie pad stap. Dankie dat julle my toelaat om deel te wees van jul reis. Ek dink jy weet wat ek probeer sê. Dis asof my voete 'n bietjie ligter trap, omdat jy my vlerke help lig. Ek bespreek vandag my ouers se vliegkaartjies!"

Hur: "Vanoggend het ek weer spesiaal vir julle ingetree. Mag jy voel hoe my gebede jou dra. So opgewonde vir jou dat jou pa en ma gaan kom kuier. Julle gaan 'n fantastiese tyd hê! Wat 'n wonderlike voorreg om Kersfees saam met jou ouers te kan spandeer!"

*

Ek: "Goeie nuus en slegte nuus! Ons het 'n aanbod op ons huis gekry! Aan die een kant skud ek al die sjampanjebottel, maar aan die ander kant is ek baie hartseer, want my tyd in Hamilton is so te sê verby. Hulle wil oor vier weke intrek en voor dit gaan ons nog vir twee weke Atlanta toe.

"Dinge gebeur nou baie vinnig, maar ek is baie opgewonde! God het vir my gesê dat dinge in Augustus gaan begin gebeur en dat ek op 1 Oktober nie meer in hierdie huis gaan bly nie. Daar is 'n huis in Auckland waarin ons belangstel. Indien ons nie daardie huis kry nie, weet ek God het iets beter in gedagte!"

Hur se stem loop oor van opgewondenheid soos sy vertel hoe bly sy saam met my oor die goeie nuus is: "Ek is super opgewonde oor jul nuwe huis en bid dat julle – en al jul diere - baie gelukkig gaan wees op jul nuwe *lifestyle block*. Mag dit jou hawe van veiligheid wees. Dink net, wanneer jou ouers kom, het julle Deo Volente reeds ingetrek!"

Ek: *"Watch for the people whose eyes light up when you talk about your dream. Those are the ones you keep!"*[52]

Hur: "Bly om te hoor ek's 'n *keeper!*" antwoord Hur met 'n lag in haar stem.

Ek: "Ek is nie seker of jy Sondag by die kerk was nie? Ek het jou nie by die eerste diens gesien nie? Dylan Long het besoek afgelê. Hy het gepraat oor hoe ons te midde van die storm uit die boot moet klim. Net daar sê die Heilige Gees vir my: "Dis darem baie gerieflik om na die tyd droogbek in die boot te sit en te getuig van hoe Jesus die storm stilgemaak het. Maar om te midde van die storm uit te klim en op die water te loop – dit wys geloof!

" 'So what if I fall flat on my face whilst walking on water?' vra Dylan in 'n stadium. 'Then I know Jesus will catch me!' Dylan het gesê hy is liewer sopnat en in die arms van Jesus as hoog en droog en steeds in die boot. God wil hê ek moet nou al getuig van die wonderwerk wat

Hy reeds besig is om te doen – nog voor die menslike oog dit kan waarneem! Die Heilige Gees dring my."

Hur: "Ons het die aanddiens bygewoon. Om te dink Dylan het 'n spraakprobleem gehad! Moenie dat enigiemand jou keer om te getuig nie, Vriendin! Die pad wat jy met Jesus stap, is so wonderlik om te beleef. Jou geloof borrel oor en vloei bo-oor my, oor jou gesin en oor almal wat jou pad kruis."

My oë skiet vol trane van aandoening.

Ek: "Ai, Hur, jy sien altyd net die beste in my. Dankie dat jy so intens en opreg al my vreugdes en trane saam met my beleef."

Hur: "Ek is inderdaad opreg saam met jou bly en stap hierdie pad saam met jou. Indien jy dae lank nie van my hoor nie, weet net dis die alledaagse verpligtinge, man, kinders en werk wat my so besig hou. Vergewe ook my stemposse en oproepe so vanuit my kar, maar my kar is my *happy place* waar ek in vrede met jou kan gesels."

Ek: "O, ja! Wanneer ek alleen in my kar ry, is dit ook my *happy place*. Alleentyd saam met die Heilige Gees."

Hur: "Mamma het Sondag by die kerk getuig. Sy het skoon vergeet om my en jou te vertel! Gelukkig kan ons op die Facebook-blad gaan luister."

Ek: "Ag nee! Ek sou deurgery het Auckland toe daarvoor! Jy en jou ma is vir my soos ligbakens op my reis. Julle het hierdie pad al voor ons begin stap en oral langs die pad vir ons fakkels aangesteek. Ek kan nie wag om saam met jou ma 'n koppie tee te drink, haar vas te hou en te beleef hoe Jesus die lewe in haar herstel het nie!"

Hur: "My ma is baie opgewonde dat julle Auckland toe trek."

Ek: "Hoe gaan ek jou in Hamilton agterlaat? Die Here het my met soveel hartsmense hier geseën. Wel, ek gaan nie groet nie. Ek gaan net sê: 'Sien later.'"

Hur: "Ek stem! Ons gaan nie groet nie. Ek is gereeld in Auckland om by my ma en sussie te kuier, so ek kom maak verseker 'n draai by jou nuwe huis. Dalk sien ons mekaar nog meer in Auckland as wat ons mekaar hier in Hamilton gesien het! Wanneer mens 'n hartsvriendin gevind het, skryf jy haar nie sommer af nie."

*

Ek: "Ek het toe daad by die woord gevoeg en vir Jan 'n e-pos gestuur om te getuig oor Pappa se genesing waarin ons reeds nou al glo. Die enigste Sondag wat ek nog in Hamilton gaan wees, is Vadersdag. Jan het laat weet dat die program reeds te vol is. Ons het ooreengekom dat ek sal deurry vir 'n Sondag nadat ons ingetrek het en dan óf by 'n diens getuig, óf hul filmspan dit laat verfilm. Dit kan dan by al hul kampusse tydens die eredienste uitgesaai word.

"Eers was ek nie gretig nie, omdat ek dink dat 'n persoonlike getuienis baie meer impak maak. Toe dink ek weer, indien ons dit wel so doen, word soveel meer mense bereik en bemoedig. Wat dink jy? Ek sal dit in ieder geval eers uitskryf en seker maak Pappa is gemaklik daaroor - veral indien dit uitgesaai gaan word."

Hur: "'n Persoonlike getuienis maak seker meer impak, maar 'n opname kan, soos jy sê, meer mense bereik. Jy kan altyd steeds deurkom en die diens bywoon wanneer hulle dit uitsaai, dan is jy daar om na die tyd met mense te gesels. Ek glo nie jou pa sal enige besware teen jou getuienis hê nie."

*

Intussen stoei ons met ons ESTA-aansoek. Dis soos 'n visum vir besoekers aan die VSA. O wee, is dit nou vir jou 'n nagmerrie! Alles word natuurlik aanlyn gedoen, maar indien 'n mens se paspoortfoto net 'n bietjie te min hare of te veel borskas wys, of te sus of te so is, wil die stelsel dit nie aanvaar nie. Boonop is ons adres nog nie op die stelsel geregistreer nie en word dit telkens verwerp. Uiteindelik het ons agtergekom dat wanneer 'n mens dieselfde adres drie keer intik, die stelsel dit as jou korrekte adres aanvaar. Prys die Here vir klein genadetjies!

Nog 'n wonderwerk! Terwyl ek so besig is om te pak vir die Amerika-kuier en vir die Groot Trek terug Sodom en Gomorra toe, het my dogtertjie haar wiskunde self gedoen sonder om een keer my hulp te vra! Dank die Here vir groot genadetjies!

My dierbare dogtertjie, wat so vinnig grootword en saam met haar mamma al die trauma, al die stryd en – halleluja! ook al die oorwinnings beleef! Terwyl Niki nou die dag by 'n maatjie gekuier het, het sy vir my 'n boodskap gestuur:

"Mamma, *what were the other songs that you played during your spiritual warfare? I can only remember two of them now.*"

Met 'n dankbare hart het ek die name van die liedere deurgestuur. Waar sy gaan, getuig sy ook oor ons reis.

O, daar skuif my son nou agter die wolke uit! Ek dink aan Hur en deel dit gou met haar:

"Ek bid vir jou dat die son vandag deur jou spreekwoordelike wolke sal breek."

Hur: "Dankie vir my sonskyn! *I'll take that!* Nou voel ek sommer goed en reg vir vandag."

Ek: "Ek het vandag na Chris se module oor dieet geluister. Vir my klink die anti-kankerdieet heel aanvaarbaar en lekker, maar ek weet nie so lekker van my pa nie. Wanneer ek na sekere van Chris se voorstelle luister, dan hoor ek al my pa sê: 'Ag, dan gaan ek liewer gelukkig dood en eet wat ek wil!'

"Ek, my ma en my sussie sal maar kreatief moet dink aan wat vir my pa lekker sal wees en hoe my ma klein aanpassings kan maak wat goeie resultate sal lewer.

Hur lag lekker oor Pappa se moontlike kommentaar.

"Dalk kan jou pa wortelsap tussen sy maaltye drink? Indien hy dit vir twee weke kan aanhou doen, word dit 'n gewoonte!"

So ruil ek en Hur idees uit oor hoe ons ons ouers kan help.

Ek: "Bid asseblief vir my vir onderskeidingsvermoë en wysheid. Die volgende paar maande wil ek graag my huis so anti-kankervriendelik as moontlik kry. Nie net wil ek resepte probeer wat my pa hopelik sal lekker vind nie, maar ek wil ook van chemiese skoonmaakmiddels en enigiets wat ek in my huis het wat moontlik kanker kan veroorsaak, ontslae raak.
Wanneer Pappa teruggaan, wil ek hê hy moet sê: 'Heerlikheid, ek weet nie wat aangaan nie, maar ek voel soos 'n nuwe mens!'"

Hur: "Ek glo jou pa gaan so vol energie wees wanneer hy by jou wegry, hy gaan nooit weer dieselfde wees nie!"

*

Ek: "Ek het so pas na jou ma se getuienis geluister! My plan is om so gou moontlik 'n Kerstee in Auckland te hou. Dit sal wonderlik wees as jou ma ook daar kan getuig. Jy en jou ma se gesprekke seën my so! Die vyand haat dit dat ons mekaar so seën en opbou."

Hur: "Inderdaad! Jou bemoediging gee my die inspirasie om tienduisend reuse te verslaan! Hur – *the giant slayer!* Vandag dink ek so aan jou terwyl ek my dagstukkie lees:
"24 Augustus: *'Dread drains. Faith energizes.'*
"Die Skrifgedeelte is Psalm 55:22: *'Cast your burden upon the Lord (release its weight) and He will sustain you. He will never allow the righteous to be moved (to slip, fall or fail).'*[53]
"Jy hoef jouself nooit uit die bed te sleep nie. Jou geloof gee jou energie. Jy laat nie toe dat die vyand jou onderkry nie."

Ek: "Dankie, Vriendin! Jou ma is so positief oor haar reis, dat dit soms klink of sy dankbaar is dat kanker op haar pad gekom het."

Hur: "Dit klink soms so! Jy weet, Mamma het die Here gevra om haar te gebruik om meer vir ander te beteken. Die dag toe sy die diagnose ontvang het, het sy dadelik vir God gesê dat sy hierdie pad tot Sy eer sal stap."

Ek: "Ek dink dit maak die vyand so kwaad wanneer geen van sy pogings ons onderkry nie. Hy het seker al meer beroertes as enigeen op aarde gehad oor gelowiges se hardnekkige hoop en volharding!"

Hur: "Ek sien hom al! Ons gesprekke van die afgelope ruk is vir my 'n dubbele porsie seën. In elke gesprek maak jy seker dat jy God erken."

Ek: "Ai, Hur, ek mis jou al klaar! Ek gaan my bes probeer om 'n koffie saam met jou in te werk voordat ons trek!"

*

Aäron en Hur het vir my, soos ek vir hulle het. Maar hulle het nie net vir my nie; aan elkeen se ander kant staan daar ook 'n Aäron of Hur. Agter my Hur staan haar ma, wat met haar een hand die fondasie vorm van my en Hur se ingehakte pilaar-arms en met haar ander hand die fondasie vorm van haar ander kind se Aäron-Hur-pilaar. Net so staan my mamma agter my en Aäron en hou ons arms omhoog. Saam-saam voer ons twee families 'n geweldige stryd teen hierdie geestelike vyand wat homself in die vorm van kanker vergestalt het.

Van bo af sien God 'n netwerk van Aärons en Hurs. Dit vorm 'n pragtige mosaïek, deel van 'n baie groter legkaart. Tussen elkeen se smart en stryd, blink die pêrelpoorte van die hemel en glinster die bakke vol trane van die gelowiges.

Soos ons opkyk, verkleur die hemel in asemrowende kleure van pienk, pers, blou, oranje, silwer en goud soos die Heilige Gees en Jesus hul plekke inneem wanneer Aäron en Hur bid: "...so kom ook die Gees ons swakhede te hulp, want ons weet nie reg wat ons moet bid nie, maar die Gees self tree vir ons in met onuitspreeklike versugtinge...Christus...wat ook opgewek is, wat ook aan die regterhand van God sit, wat ook vir ons intree..."[54]

*

Vroeg die oggend van 4 Augustus het Aäron se vriendin 'n droom. Sy droom sy en Aäron gaan by Pappa in die hospitaal kuier. Haar seuntjie het hulle vergesel. Voor hulle die hospitaal binnegegaan het, het haar seuntjie gekla dat daar 'n mannetjie is wat hom pla. Sy het hom toe eers geleer om die bloed van Jesus oor homself te pleit en van die outoriteit wat hy deur Jesus oor die lastige mannetjie het.

Daarna het die mannetjie verdwyn en die seuntjie het gesê hy wil saam vir Pappa gaan bid.

Pappa se hospitaalkamer het drie stapelbeddens gehad en hy het op die middelste, boonste een gelê. "Wat pla jou pa?" het die vriendin gevra. Aäron het die naam van 'n vreesaanjaende demoon genoem.

Pappa het hulle vertel dat daar 'n sebra-hings en 'n slang in die hospitaal was. Die slang was kort, bruin en vet en het die siekes aanhoudend gebyt, maar niemand het hom verjaag nie. Hoewel Pappa nie die spesifieke naam van die vreesaanjaende demoon genoem het nie, het die vriendin die slang ervaar as 'n demoon wat terug hel toe gestuur moes word.

In die hospitaalkamer het 'n man op 'n stoel by die deur gesit, terwyl die son op hom geskyn het. Die slang het hom heeltyd aan sy kuit gebyt. Die verpleegster wat by hom gesit het, het toe die slang van sy kuit afgehaal en dit by die deur laat uitgaan.

Aäron se vriendin en haar seuntjie het saam met Aäron vir Pappa gebid. In die droom het die vriendin Aäron ernstig vermaan om eers die bloed van Jesus oor haarself af te pleit en om Sy engele se beskerming te vra, voordat sy vir Pappa bid. Saam het hulle die engele beveel om in Jesus se Naam vir Pappa te baklei.

Die droom van Aäron se vriendin resoneer met my gees. Van die begin af het die Heilige Gees vir my gesê dat hierdie 'n geestelike oorlog is, dat dit demone is wat Pappa aanval. Ons veg 'n geestelike oorlog vir en saam met Pappa. Pappa gebruik wel alternatiewe geneesmiddels om te help om sy liggaam sterk te maak en die kanker te beveg, maar dit is Jesus Christus wat vir Pappa gaan genees.

Aäron besef dit het tyd geword om haar seuntjie van Pappa se diagnose te vertel. Die tienjarige kryger is sterker as wat sy gedink het. In plaas van histeriese trane, tree hy dadelik in met 'n kragtige gebed:

"Here, soos wat U die see oopgemaak het vir Moses, maak U hierdie ding wat in Oupa groei oop en U werp dit uit! Die virusse gaan agter ons wil aanloop, maar soos wat die water oor die Egiptenare toegeval het, so werp U die virusse en die duiwel terug in die hel. O Here, maak alle hekke toe, sodat geen onheil naby ons kan kom nie."

Sondag by die kerk preek ons pastoor oor die gedeelte waar Jesus se dissipels agter geslote deure vergader het – bang vir die vyande van Jesus wat Hom gekruisig het. Pastoor wys ons daarop dat die geslote deure Jesus nie gekeer het nie. Ons vrees, ons twyfel, ons hartseer en ons rou keer Jesus nie om tot by ons te kom nie. Jesus ontmoet ons daar waar ons is.

Vanoggend het Jesus weer met my gedeel hoeveel empatie Hy met ons einas het. My hartseer oor my pa keer Hom nie om tot by my te kom en my te ontmoet hier waar ek stukkend en bang sit en huil nie.

Ek: "Aäron, ons moet verseker die bloed van Jesus oor onsself afpleit. Kyk hoe val die vyand ons aan: eers het hy ons gees aangeval. Ons hartseer was so groot! Toe hy sien dit werk nie, omdat ons so 'n stewige anker in die Here het en geestelik verbind is aan mekaar en aan die Heilige Gees, het hy besef 'n driedubbele tou breek nie maklik nie. Vier-en-twintig uur per dag hoor hy hoe ons hierdie stryd voer. Soos jou stem in die weste verdof, klink my stem uit die ooste op. Wanneer ek gaan slaap, bid jy weer verder. Daarom kan hy ons nie in ons drome aanval nie, want ons bid deurentyd vir mekaar en dra mekaar."

Ek deel my eie droom van die vorige nag met Aäron:

"Gisteraand was my man nie hier nie. Ek het vergeet om my Bybel by Psalm 23 oop te maak voordat ek gaan slaap het, soos Pappa en Mamma ons geleer het. Ek droom toe ons kuier in Suid-Afrika. Ons het in 'n gastewoonstel gebly. Tienerdogters wou iets daar gaan haal. Met die inloop, het hulle vergeet om die hek agter hulle te sluit. Ek het teruggekyk en vir hulle gesê: 'Julle het nie die hek agter julle gesluit nie.'

"Saam sukkel ons om die hek gesluit te kry. Meteens staan daar 'n man voor die deur – iemand wat ons ken. 'Jammer,' sê ek vir hom, 'ek gee nie om wie jy by jou het nie, jy kan nie inkom nie.' Onderdeur sy arm rig iemand 'n langloop-geweer op ons. Skielik is daar vier mans agter hom.

"Met wilskrag het ek myself uit die droom wakker geruk. Vol determinasie het ek opgestaan en begin om Jesus se bloed oor julle en oor ons af te pleit. Carmen se lied "The Champion" het gespeel en ek het oorwinnend saam hom uitgeroep: 'He has won! He has won! He's alive forevermore! He is risen, He is Lord!'[55]

"Dis goed dat jy jou seuntjie vertel het. Kyk net watter sterk kryger is hy! Ons moet baie versigtig wees wie ons by ons stryd betrek. 'n Ketting is net so sterk soos sy swakste skakel. Die grootte van jou seun se liggaam en die hoeveelheid jare wat hy in menslike terme op hierdie aarde spandeer het, moet ons nie laat twyfel in sy bekwaamheid om hierdie stryd saam met ons te stry nie. Hy is Pappa se naamgenoot en glo met kinderlike onskuld. Jesus het mos gesê ons moet soos 'n kindjie glo."

Aäron: "My angs en benoudheid is nou weg. Ek ervaar intense vrede. Ek is inderdaad nie in my drome aangeval nie. Maar vannag het ek wel gedroom dat ek onophoudelik bloei…Dankie dat ons uit een geestelike mond kan praat en mekaar kan dra."

*

Vyf-uur Woensdagoggend 5 Augustus slaap almal in my huis nog rustig. Ek sit opgekrul met 'n koppie koffie op die groot uitskopstoel en kuier om Gods' Woord saam met die Heilige Gees. Hy deel die volgende met my:

"Jesus replied to them, 'Have faith in God. I assure you: If anyone says to this mountain, 'Be lifted up and thrown into the sea,' and does not doubt in his heart, but believes that what he says will happen, it will be done for him. Therefore I tell you, all the things you pray and ask for—believe that you have received them, and you will have them. And whenever you stand praying, if you have anything against anyone, forgive him, so that your Father in heaven will also forgive you your wrongdoing. But if you don't forgive, neither will your Father in heaven forgive your wrongdoing."[56]

Ek: "Die mense naaste aan ons is die moeilikste om te vergewe. Ons moet ons harte deurgrond en seker maak ons hou niks teen enigiemand nie. Wie is ons om nie te vergewe nie? Waak daarteen dat ons nie onvergewensgesindheid in ons diepste hartkamers koester nie."

Aäron: "Ek besef dat ek hulle moet vryspreek."

Ek: "Ja, ek besef ek moet ook seker maak dat ek volkome vrygespreek het."

Partymaal moet ons iemand elke dag vergewe. Vergifnis is 'n doelbewuste keuse. Soms is dit so moeilik dat ons Jesus se hulp moet inroep. Soms het ek nodig om 'n gedagte aan 'n onreg onmiddellik gevange te neem en onderhewig te maak aan die wil van Christus. *Help my, Here. Ek kies om hulle te vergewe, maar help my waar ek swak is.*

Ek ervaar nou vir geruime tyd verlammende pyn in my rug...Pappa sukkel met lae rugpyn...

*

Klein jakkalsies pla gedurig in my en Aäron se wingerde.

6 Augustus: Aäron: "Vanoggend het die Heilige Gees met my gesels oor Paulus in Masedonië in die bovertrek (Handelinge 20). 'n Jong man het aan die slaap geraak terwyl Paulus gepreek het en homself morsdood uit die venster geval."

Sien, selfs in Paulus se tyd het mense aan die slaap geraak in die kerk. Die gevolge was net baie gevaarliker!

Aäron: "Paulus het dadelik sy preek onderbreek en hom na die seun gehaas. Hy het die mense kalmeer en hulle vertel dat die seun se lewe nog in hom was. Paulus het dadelik weer opgegaan boontoe en sy preek afgehandel.
"So probeer die vyand alles in sy vermoë om ons oorlog te boikot. Hy gebruik dikwels klein jakkalsies om ons fokus van dit wat belangrik is af te trek. Soms is die klein jakkalsies wel belangrik, maar God maan ons om telkens weer ons fokus na Hom toe terug te bring."

Vir Aäron is dit in hierdie stadium sy en haar kinders wat siek is. Vir my is dit (behalwe vir my rugpyn) ons huis wat verkoop moet word. Ek vra Aäron om te help bid:

Ek: "'n Derde egpaar wat 'ernstig belangstel' in ons huis, kom vandag daarna kyk. Dis nou al die sewende maand dat ons huis in die mark is. Die weeklikse ryery Auckland toe maak manlief klaar.
Ek smeek God al heeldag. Omkoop kan ek Hom nie, want ons bid mos dat alles gebeur volgens God se volmaakte wil en op Sy regte tyd, maar alles in my sê dit moet nou gebeur!
"Hierdie is my irriterende jakkalsie waarop ek nou moet fokus. Ek en Niki is ook alweer siek. O ja – ek het die Barbies saam met Swaer gestuur, asook die boekies (*Appel Grove Girls* oor die dogtertjie wat geboelie is en *The Girl with no Nose*). Swaer sal met Mamma reël om daar te gaan kuier en sal julle almal se geskenkies saamneem.
"Onthou, dit maak nie saak hoeveel jakkalsies, vrees en siekte ons beleef nie. God loop reg deur ons geslote deure en sê: 'Vrede vir julle!'"

8 Augustus slaap Hur se seuntjie deur die nag sonder om te hoes!

Een van die baie belangrike lesse wat Chris Wark my geleer het, was toe hy heel aan die begin van sy sessies vir ons wat iemand met kanker ondersteun, aangespreek het. Hy het ons daaraan herinner dat ons moet onthou dat dit allereers die persoon wat kanker het se reis is. Soms is daardie persoon reg om huis toe te gaan en as dit hul wens is, moet ons dit respekteer.

Dit was 'n taai toffie om te kou. Maar danksy my Aäron en Hur, kon ons saam daaraan kou en mekaar bemoedig en in toom hou.

Op 'n dag het ek en Hur mekaar gebel – ons het daardie dag dieselfde openbaring by God gekry. Ek kan nie onthou wie dit eerste vir wie vertel het nie, maar God het vir ons gesê: "Wat as dit nooit oor Hur se ma of Lijlanie se pa gegaan het nie? Dalk gaan dit hier oor iets baie groter. Hierdie getuienisse gaan mense se lewens omkeer". Dit was ook presies wat Hur se mamma tydens haar getuienis by die kerk gesê het. Sy het vir God gevra dat Hy haar moet gebruik om ander te help.

Nog 'n heldedaad van my Hur: Op Vadersdag, toe my siek pa doer anderkant die water sit, het liefste Hur nie na haar pa toe gery voordat sy vir my 'n spesiale gebed gedoen het nie. 'n Hartsgebed, vol trane, vol bemoediging…die gebed wat ek nie daardie dag self kon verwoord nie…

'n Paar dae later kry ek weer 'n boodskap: Hierdie keer was Hur se ma by die dokter en toe slaan die vyand húlle opnuut plat met 'n nat snoek…Nou is dit Hur se beurt om net op God se skoot te lê en niks te sê nie, want sy het geweet ek bid vir haar…

My gedagtes dwaal na nog 'n Hur. Paulus vertel in 2 Timoteus 4 vir Timoteus dat almal hom verlaat het en dat net Lukas hom nog ondersteun. In Kolossense 4 verwys hy na Lukas as 'die dokter wat ek baie liefhet'[57]. Lukas het Paulus op van sy sendingreise vergesel, die ontberinge saam hom deurgemaak en saam met hom enduit volhard.

Ek en Hur is ook saam op hierdie sendingreis. Ons noem dit 'n sendingreis, omdat ons 'n opdrag het om ligdraers te wees. Ligdraers – waarvan haar mamma en my pappa die voorste fakkels dra.

Liewe Leser, sorg dat jy 'n Aäron en 'n Hur in jou lewe kry!

Hoofstuk 7

Hoop

Alles in my liggaam pyn alweer deesdae! Rug, skarniere, tenniselmboog! Wanneer ek met Mamma gesels, is my simptome maar net weer 'n spieëlbeeld van Pappa s'n.

9 Augustus is ons veertien jaar getroud. Ons maak 'n naweek van ons huweliksherdenkingsfees. Vrydagmiddag bederf ons onsself met middagete en 'n *Couple's Foot Spa* langs die pragtige Waikato-rivier. Saterdagoggend vroeg ry ons Auckland toe, boek in by *The Spencer on Byron* en gaan kyk "Afrikaans is lekker" met Jo Black as een van die gaskunstenaars in Takapuna. Daar hoor ek vir die eerste keer die lied "Bring die hoop weer terug" en ek sing kliphard saam vir my pa. Jo deel so 'n bietjie oor sy eie pa. Tussen die hoop wat ons moet terugbring, "Skepe", "Jy't my gewys" en "Vrede Vind" huil ek snot en trane! Pouse koop ek vir my een van Jo se leerbandjies met die woorde "Bring die Hoop weer terug". My genesingsbord kry nog 'n oorlogslied.

Terug by die huis verpersoonlik ek die liedjie en stuur 'n WhatsApp-video aan Pappa. Ek dra Jo se lied as 'n gedig voor aan Pappa, met my eie verwerking van die koorgedeelte:

"Daar's 'n oorlog hier binne my: dis vir Pa wat teen kanker baklei.
Ek sê vir Pa, Pa is goed genoeg! So, bring die hoop weer terug!
Pa is die lig in die donker gang.
Pa is die baken wat op die heuwel staan.
Ek sien die mens wat Pa nog gaan wees!
So, bring die hoop weer terug!"[58]

13 Augustus: Ek: "Die afgelope naweek het ek Jo Black vir die eerste keer in lewende lywe sien optree. *Wow!* Wat 'n fenominale man! Die hele Bruce Mason-teater het vir hom 'n staande ovasie gegee."

Ek vertel Hur van my verwerking van Hoop. Dalk wil sy vir haar ma ook so 'n verwerking aanstuur?

Hur: "Ons was so jaloers om te hoor julle was by 'Afrikaans is lekker'! Ons was nie eens bewus van hierdie musiekkonsert nie en sou so graag wou gaan! My seun is mal oor Jo se 'rou' musiek – sonder *backtracks*. Ja, stuur asseblief die lirieke aan!"

Ek soek na my en Pappa se geprekslyn, druk op my Jo Black-verwerking en stuur dit vir Hur aan. Daar is reeds weer 'n boodskap van haar af.

Hur: "Sjoe! Dit ruk aan my hart! Vandag ry ek in Hukanui af toe die lied *This is a move* oor die radio speel. Dadelik het jou pa se gesig voor my opgedoem en ek het net opnuut besef: met geloof kan ons berge versit! Ons is saam op hierdie reis, saam in Christus, ons praat dieselfde hemelse taal en stap hierdie pad saam. Dankie dat jy my vertrou met jou hart en met julle reis. Mamma het gesê jy kan haar enige tyd bel as jy vrae het. NS: Onthou die lirieke! Ek stuur vir jou die skakel na *This is a move*."

My foon biep weer. Opgewonde druk ek op die skakel. Met die eerste woorde van die liedjie is daar tasbare kontak tussen my gees en God se Gees. Outomaties gaan my oë toe. Spontaan lig my hande hemelwaarts en met my hele wese sing ek saam:

"Mountains are still being moved; strongholds are still being loosed!
God we believe, 'cause yes, we can see that
wonders are still what You do!
Bodies are still being raised; giants are still being slain!
God we believe, 'cause yes, we can see that
wonders are still what You do!"[59]

En my vyfde oorlogslied vind sy weg na Pappa se genesingsbord.

*

Dr Caroline Leaf, 'n kognitiewe neuro-wetenskaplike wat in kognitiewe en meta-kognitiewe neuro-sielkunde spesialiseer, sê die volgende: *"When we hope, it is an activity of the mind that changes the structure of our brain in a positive and normal direction."*[60]

Hoop!

Romeine 15:13 sê: "Mag God, die bron van hoop, julle deur julle geloof met alle vreugde en vrede vervul, sodat julle hoop al hoe sterker kan word deur die krag van die Heilige Gees."[61]

Ons pad is besaai met talle getuienisse en wonderwerke. Een van hierdie wonderwerke deel Pappa persoonlik met my toe ek een aand weer bel om te hoor hoe dit gaan. Na die biopsie sukkel hy om te urineer.

"Laasnag het ek teen drie-uur die oggend gevoel ek sterf van die pyn. Al wat uitgekom het wanneer ek probeer urineer het, was 'n eetlepelvol dik bloed. Mamma wou my ongevalle toe neem, maar dit is vir my te vernederend. Ek het geweier om te gaan. Mamma stel toe voor dat ons ons buurman-doktersvriend bel. Maar ek kan mos nou nie my vriend drie-uur die oggend wakker bel nie!

Mamma sê toe: "Nou maar dan moet ons bid!" Nou kyk, my kind, jou pa was vol pyn en glad nie lus vir bid nie. Ek sê toe vir Mamma, dan moet sy maar bid."

In ons huis is Pappa altyd die een wat hardop bid. Mamma is 'n sterk gelowige vrou, maar sy sal nie sommer hardop voor mense bid nie.

"My kind, Mamma het so mooi vir my gebid…en 'n half uur later…" Pappa sluk van aandoening. "'n Half uur later toe is al die pyn weg en die waterwerke funksioneer soos dit moet!"

"Ai, Pappa! Prys die Here!" roep ek uit.

Na die oproep sak ek op my knieë voor ons barmhartige Vader neer, met my hande omhoog. So 'n heilige oomblik tussen man en vrou, tussen God en hulle!

*

Tydens hierdie stryd word dit oor en oor vir ons bevestig dat Pappa se stryd 'n geestelike een is.

Een Sondag, toe ek weer so 'n bietjie vuisvoos voel, herinner ons pastoor weer dat ons vrees nie die Here keer om tot by ons te kom nie, want God ontmoet ons daar waar ons is. Tydens my stiltetyd bevestig God dit vir my uit Sy Woord. Vir Maria het Hy met Sy opstanding net nodig gehad om te sê: "Maria!" en toe weet sy Hy is by haar.

Maar die arme dissipels wou haar nie glo nie – en toe ontmoet Jesus hulle waar hulle agter geslote deure weggekruip het. Ek lees verder dat toe arme Thomas nie eens vir hulle wou glo nie, ontmoet Jesus hom daar waar hy in sy ongeloof was en Hy sê: "Kom, my kind, kom vat aan My! Kom voel dat dit regtig Ek is!" In Jeremia 29 sê God: "Julle sal my soek en vind as julle na my vra met julle hele hart."[62]

*

14 Augustus stuur ek vir Pappa ook die skakel na *Chris beats Cancer*. Dit het mos 'heel toevallig' op my Facebook-nuus opgekom. Ek het vir die volledige program geregistreer, wat 'n gratis *buddy link* insluit. Hierdie skakel stuur ek vir Pappa aan, sodat hy en Mamma ook kan registreer.

Ons wag steeds vir Pappa se uitslag. So frustrerend! Die dokter is blykbaar met verlof en die uitslae lê op sy tafel.

Intussen stoei Aäron se seuntjie steeds erg met sy gehoesery. Aäron klink vuisvoos.

Ek: "Gaan kyk bietjie in die spieël en skuif jou kroon reg. Hou moed! Jy is meer werd as baie mossies! God het ons gemaak om te kan hanteer wat oor ons pad kom. Dit is nie maklik nie. Al gaan dit hoe moeilik, het ons steeds soveel om voor dankbaar te wees. Ek is so dankbaar dat jy my Aäron is. Anders sou die mense gedink het ek is heeltemal mal – en dink net hoeveel sou ek dan met myself moes praat!"

Aäron: "Gister vra een van die seuns by die skool vir my hoe dit met my seuntjie gaan. Teen my wil het ek erken dat dit nie goed gaan nie. 'Juffrou, ek en my pappa het gisteraand so vir hom gebid!' het die seun opreg uitgeroep. Vanoggend het ek gebid vir arendsvlerke. 'n Paar minute later stuur 'n vriendin vir my 'n boodskap oor 'n arend…Ons het Aärons en Hurs oral rondom ons, Sus!"

*

16 Augustus 5:50vm: Ek: "Ek kry nie asem nie…"

Aäron: "Ek ken die gevoel. Maar Pa lyk goed en hy is so vol geloof."

Ek gesels lank en lekker met Pappa en Mamma. Ons kom ooreen: hulle kom Desember kuier. Ek bel ons reisagent en bespreek hul kaartjies. Twee jaar gelede het ek hulle belowe ons koop vir hulle kaartjies om by ons te kom kuier vir hul sewentigste verjaardag. My hart loop oor van opgewondenheid.

Maar in haar binnekamer huil Aäron haar hart uit. Sy is nie gereed om Pappa hierdie Kersfees nié te sien nie. Nie na alles wat al hierdie jaar gebeur het nie. Omdat ek haar liewer het as myself, breek my hart vir haar – al het sy hom byna elke Kersfees van haar lewe by haar gehad en al sien sy hom elke dag van haar lewe. My jubelkant is haar skeelkant…

Sy vra om vergifnis dat sy my vreugde steel. "Daar is niks om te vergewe nie. Vergewe my dat ek jou Kersfees saam met hom steel." Aäron voel dadelik sleg dat sy haar hartseer met my gedeel het, maar wie verstaan haar hart beter as ek, haar sielsgenoot?

"Die mens wik, maar God beskik," herinner Mamma ons altyd. God het ook reeds lankal hierin vir ons 'n oplossing beskik.

*

Die volgende paar nagte slaap Aäron nie, want haar seuntjie hoes sy longe uit. Slapelose nagte wil-wil die vegtersweerstand laat taan.

18 Augustus herinner die Stem uit die Ewigheid Aäron dat die vyand ons probeer moeg maak, omdat hy weet hy kan ons nie uitklop nie. Liefdevol bemoedig Hy ons om aan te hou, want die gety gaan draai. Dis ook dieselfde dag waarop Dylan Long my aanmoedig om te midde van die storm uit die boot te klim en nou reeds oor Pappa se genesing te getuig.

Die volgende dag kry ons 'n aanbod op ons huis. Hulle wil egter op 19 September intrek. Die werkvakansie van twee weke in Atlanta in ag genome, laat dit ons met net twee weke om te pak vir ons oorsese reis en vir die Groot Trek! Een uitdaging volg op die ander.

20 Augustus aanvaar ons die aanbod.

Na 'n afspraak by die spesialis word Aäron se seuntjie in die hospitaal opgeneem. Tydens haar stemposse kan ek skaars hoor wat sy sê soos hy onophoudelik hoes.

Die Heilige Gees hou aan om ons te herinner om lofprysings en oorwinningsliedere te sing nog voordat ons bevestiging van Pappa se genesing het en om dit uit te spreek.

26 Augustus - *Circle of Trust*: Ek: "Ag, julle! Ek is so, so opgewonde! Die mense op wie se huis ons 'n aanbod gemaak het, is tans vir 'n troue in die Verenigde Koninkryk. Hulle het in die middernagtelike ure daar op die eilandjie in die verre noorde na ons aanbod gekyk en dit aanvaar! Hulle kan ongelukkig eers 'n week nadat ons uit ons huis uit moet wees, trek, maar dis 'n klein duwweltjie in die pad.

"Alles val so mooi in plek! Ons het nou wel 'n bietjie minder vir ons huis in Hamilton aanvaar, maar op die ou einde het ons dubbel die bedrag afslag gekry op die prys waarvoor die Auckland-eiendom oorspronklik in die mark was.

"So, die Here het wéér voorsien! Alles het op die regte tyd gebeur — soos ek die heeltyd gesê het dit sal! Ek het gesê: 'Op die regte tyd sal ons huis verkoop; op die regte tyd sal die Here vir ons die regte plek in Auckland gee.

"En raai net wat? Aäron, onthou jy toe ons een naweek opgery het Auckland toe en ek vir jou gesê het ek glo ons gaan soontoe om die huis te gaan sien waarin ons gaan bly?"

My stem begin te breek soos ek oorweldig word deur aandoening.

"Daardie huis was een van die huise waarna ons gaan kyk het, maar omdat dit bo ons prysklas was, het ons nie eens weer aan die huis gedink nie! Kyk nou net! *Praise precedes the victory!*[63]
"Dit werk om God te glo vir die beloftes wat Hy in jou hart plaas. Aäron, ek onthou ek het vir jou gesê: 'Ek gaan my huis sien.' Na die naweek het jy gevra: 'So, hoe lyk die huis wat die Here vir jou uitgekies het?'
"Nou kan ek jou antwoord: Ja, ek het dit toe daardie naweek gesien - sonder dat ek dit besef het! God is net amazing! Dis regtig vir ons die mooiste huis van al die tientalle huise waarna ons gekyk het!
"Ek gaan die verkopers weer vra of hulle dalk 'n week vroeër kan uittrek, maar ongeag wat gebeur, ek weet God sal alles ten goede laat meewerk. So, baie dankie vir almal wat saam gebid het. Dit was 'n rowwe jaar! Maar, wanneer ek terugkyk, was dit 'n fantastiese jaar. God is so getrou! Baie liefde vir julle!"

Ek: "Hur, ek stuur sommer vir jou my boodskap aan Aäron, dan is jy ook weer op hoogte!"

Mamma: "Wow! Baie geluk julle! Ons aanbid 'n groot God!"

Ander Sus: "So bly saam met julle, Sus."

Aäron: "Dis so 'n groot getuienis! Ek is so bly saam met julle! Ons weet hoe lank julle hiervoor gesoek het en ons het so hard hiervoor gebid. Ek is regtig baie bly. Bid asseblief saam met my: my seuntjie gaan vandag vir die eerste keer in drie maande weer skool toe. Hy is so bang dat die hoesbuie hom weer gaan oorval."

Ek: "Ek bid vir jou kinders – dat hulle rustig sal wees en goed sal inskakel by hul maats en dat jou meisiekind nie weer onnodig sal raas kry nie. (Aäron se meisiekind stoei met 'n paar uitdagings waaroor sy geen beheer het nie. Nie alle onderwysers het daarvoor begrip nie).

"*I raise a hallelujah has gone viral!* Dit speel oral! Daar is wêreldwyd 'n geestelike oorlog aan die gang. Ek beleef hoe God hierdie jaar vir ons 'n jaar van oorwinning maak. *We will raise our banners!* Ons moet net aanhou glo! Ons verstaan nie altyd hoekom ons moet wag nie, maar dis in die wag wat God met ons werk en waartydens ons groei. God het 'n plan – 'n beter plan as wat die slimstes van ons kan uitdink. Hou net vas aan Sy beloftes. Glo dit. Spreek dit."

Aäron: "My seun en ek het nou saam nagmaal gehou. Hy is so bang om skool toe te gaan. My hart breek vir hom. Ons het al ons teksverse wat vrees aanspreek, uitgespreek. Dankie dat jy so saam met my intree en soveel lewe spreek..." Aäron se stem breek. "Ek wens net so jy was hier!"

Ek: "Ag, ek is daar, man! Kyk net in die spieël! Jy het my seker net misgekyk vanoggend." Ek heg 'n knip-oog *emoji* aan.

Intussen het Hur na my boodskap geluister en sopas ook haar antwoord gestuur:

"In my binneste sê ek so dankie vir die diep verhouding wat jy en Aäron het. Ek kan hoor jul gees resoneer met mekaar. Dit was so lekker om na jou boodskap te luister!" Ai, Hur is so 'n opregte vriendin! "Ek het self 'n knop in my keel gekry toe jy vertel dat julle daardie naweek na die huis gaan kyk het, maar dat dit bo jul vuurmaakplek was. Die laaste paar weke wat ek en jy so konstant gesels het op WhatsApp is so opbouend. Ek is met jou in jou hartseer en met jou in jou blydskap. Jy hou altyd God se Naam hoog in alles wat jy doen. Jy ken Hom in al jou weë. Ek is só bly dat hulle jul aanbod aanvaar het en kan nie wag om jul nuwe huis te sien nie! Ek gaan verseker kom kuier!"

28 Augustus: Aäron se stem klink opgewonde: "Oe, die Heilige Gees is so *amazing*! Vanoggend deel ek my skoonma se getuienis met my seuntjie, oor hoe sy te bang was om uit die bed uit op te staan nadat sy haar been gebreek het. Sy het aanhoudend omgeval, totdat sy agtergekom het dat dit vrees was wat haar gepootjie het.
"My seun skryf toe al sy vrese op 'n papiertjie neer. Ek het die vuur in die kaggel aangesteek en aan hom verduidelik dat ons nou al sy

vrese gaan opskeur. 'Die kaggelvuur verteenwoordig die hel en ons gaan al jou vrese in die put van die hel waar dit vandaan kom, teruggooi.'

"Hy het dit opgeskeur en in die vuur gegooi. Daarna lig hy die rooster van die vuur af op en sê: 'Mamma, nou maak ons die poorte van die hel toe!' Ons gaan vandag weer probeer skool toe gaan!"

Dit gaan van daardie dag af inderdaad beter by die skool. Met al die vuur in sy tienjarige lyfie veg Aäron se seuntjie nou ook saam met ons my pa se stryd teen kanker, want sy gees is baie ouer as tien. Hy glo ook heelhartig in Pappa se genesing.

29 Augustus: Circle of Trust: Mamma:

"Om te hoop al sien jy nie, is om te werk aan, om te loop op hierdie pad van die HERE, om te weier om in doodloopstrate vas te val, te weier om teen mure vas te kyk, te weier om uit te sak in die wedloop van die geloof; om te volhard soos een wat die onsienlike God sien!"[64]

Hoop.

"God het ons dan nou vrygespreek deurdat ons glo. Daarom is daar nou vrede tussen ons en God deur ons Here Jesus Christus. Deur Hom het ons in die geloof ook die vrye toegang verkry tot hierdie genade waarin ons nou vasstaan. En ons verheug ons ook in die hoop om deel te hê aan die heerlikheid van God. Dit is egter nie al nie. Ons verheug ons ook in die swaarkry, want ons weet: swaarkry kweek volharding, en volharding kweek egtheid van geloof, en egtheid van geloof kweek hoop; en dié hoop beskaam nie, want God het sy liefde in ons harte uitgestort deur die Heilige Gees wat Hy aan ons gegee het."[65]

Hoofstuk 8

Toe tref die tekkie die teer…

Mamma: "'n Mens kan hoeveel planne maak, maar op die ou einde gebeur wat die Here besluit het."[66]

Die perfekte huis was toe nou nie so perfek nie. Die bou-inspekteur het 'n paar kommerwekkende waarnemings gemaak en ons het besluit om liewer nie met die koop voort te gaan nie. Ek glo God is steeds in beheer en dat Hy ons sal help om wel die regte huis te kry. Wie weet, dalk het ons dit ook reeds gesien?

Tyd om verder huis te soek het ons nie voordat ons Atlanta toe vlieg nie en ook nie voordat ons trek nie. Ons mag miskien binnekort huisloos wees, maar ons het 'n splinternuwe karavaan wat ons nog net twee keer kon gebruik. Ek bel Orewa-karavaanpark en bespreek 'n staanplek vir ses weke reg voor op die strand. 'n Miljoen dollar-uitsig vir twintig dollar 'n dag!

30 Augustus slaan die vyand my weer plat met 'n pap snoek. Pappa was vanoggend by die onkoloog.

Mamma: "Ons was by twee dokters vandag. Dokter van Heerden het vir Pappa 'n hormooninspuiting gegee. Dokter van Zyl het met ons oor onkologie gepraat. Die kanker het vyf fases. Pappa s'n is fase vier, omdat dit versprei het na die blaas, prostaat, limfkliere en been. Maandag gaan Pappa vir 'n ander skandering in Witbank wat sal uitwys of dit nog verder versprei het. Woensdag is die onkoloog in Witbank en dan sien Pappa hom weer daar. Ons glo dat Pa hierdie ding gaan oorwin en ons prys God vir al Sy genade, goedheid en guns. Lekker doeks. Lief julle almal baie."

Ek: "En deur die geloof in Sy Naam het Sy Naam hierdie man – Chris Viljoen – wat julle sien en ken, sterk gemaak, en die geloof wat deur

Hom is, het hom hierdie volkome gesondheid gegee in die teenwoordigheid van julle almal."[67]

'Praise Precedes the victory!'[68]. Jerigo se mure het geval omdat die gejuig opgegaan het en nie andersom nie![69]"

My gees is sterk, maar my vlees..! O aardetjie tog!

Ek bel vir Hur.

Hur vra dadelik: "Hoe gaan dit met jou pa?"

Ek haal diep asem voordat ek antwoord: "Daar is goeie nuus en slegte nuus. Die goeie nuus is dat ons steeds sterk staan en met alles in ons glo Pappa gaan gesond word. Die slegte nuus..."

Ek kom nie verder nie. Al wat Hur hoor is snikke, hartverskeurende snikke. Maar Hur het nie nodig om meer te hoor nie. Sy ken hierdie snikke. Hartverskeurende snikke ten spyte van onwrikbare geloof.

Ek glo, Here, maar dis my pa!

Hur weet presies hoe stukkend my hart op hierdie oomblik is en huil net saam met my. Ons huil oor my pa en haar ma. Ons huil omdat ons ons ouers hierdie beker wil spaar. Ons huil omdat ons weet God se wil sal geskied en dat ons eendag wel ons ouers sal moet begrawe. Ons huil omdat ons hulle liefhet en hulle vir altyd by ons wil hê. Ons huil omdat ons emosie so oorweldigend is, dat ons liggame nie in staat is om die emosie binne te hou nie. Daarom huil ons liggame.

Hur weet my hartseer beteken nie dat ek ophou glo het nie. Sy weet: ek huil net, want...dis my pa!

31 Augustus huil ek die hele dag lank. Tussen my trane deur pak ek. Kort-kort sak ek net in 'n bondeltjie neer en ween. Sedert die hek op Pappa se kop geval het, mis ek Aäron vandag die meeste! Ek verklaar weer dat ons die poorte van die hel toesluit. Aäron laat weet dat sy ook haar hart al heeldag uithuil.

Here, dis ons pa! We raise a halleluiah louder than the unbelief![70]

So terloops, wat my pa nie op 30 Augustus vir my gesê het nie en wat ek eers baie later by hom gehoor het, was dat die onkoloog hom net agtien maande tot twee jaar gegee het om te leef, míts hy chemoterapie ontvang! Toe sê my pa: "Baie dankie, ek kan baie goedkoper doodgaan!"

Dis waarom 'n mens jou Aäron en Hur fyn moet kies. Dit help nie jou Aäron glo in dieselfde einddoelwit as jy, maar in 'n ander pad om daar uit te kom nie. Om diegene wat van mening was dat chemo die pad was om te volg – ongeag hoe sterk hul geloof – in ons binnekring toe te gelaat het, sou katastrofies gewees het. Die chemo-ekspert het dan self nie eens geglo my pa gaan gesond word nie – al gaan hy vir chemo! Indien jou Aäron of Hur nie saamstem met en glo in jou einddoel en jou roete nie, gaan hulle jou verlaat wanneer jou nag op sy donkerste is.

1 September: Aäron: "In hierdie stadium deel ek ons oorlog net met jou."

3 September: Ek: *"When our whole being cries 'Glory to God' when all our thoughts are focused and centred on God, when we meditate on Him, then there, where we are – it may be in an automobile, it may be in a kitchen – but it becomes God's temple because everything is saying: 'Glory!'"*[71]

Ma: *"The best defence against the (enemy) is to be so 'God-centred' that we give no place to him (the enemy)."*[72]

4 September, kort voor ons lughawe toe moet ry, stuur Mamma die *Whole Body PSMA Scintigraphy*-verslag met die onderskrif: "Baie sleg." Volgens die verslag het die kanker na Pappa se pelvis, sy lae rug, bobeen en ribbes versprei.

Ek gee die verslag een kyk, druk dit uit, skryf in rooi pen bo-oor: *"Healed in Jesus Name"* en stuur dit vir my ouers terug. In die onderste hoek van my genesingsbord plak ek 'n rooi koevert met die oop kant na bo. Die verslag met die rooi kansellasie van die verdoemende diagnose vou ek op en bêre dit in die koevert – bloot om later as herinnering te dien van hoe groot ons wonderwerk sou wees.

Aäron het die foto van die skandering met al die swart kolle wat op kanker dui, so gekyk en gesê: "Darem is daar baie meer wit as swart".

Ons glo steeds onwrikbaar, ten spyte daarvan dat die skanderingsverslag ons wind vir 'n oomblik uitgeslaan het.

7.23nm: Ek: "Ons *board* nou. Liefde, liefde."

My wind voel nog steeds 'n bietjie weg.

Op die vliegtuig kyk ek *Breakthrough*. Dit bevestig net weer vir my dat Pappa genees gaan word. Terwyl ons op Chicago-lughawe vir die aansluitingsvlug wag, laat weet ek my ouers en sussies om die film te kyk. Skaars het ek die SMS aan Aäron gestuur, of sy laat weet dat sy net gisteraand vir Pappa en Mamma van hierdie fliek vertel het, maar nie die naam kon onthou nie. Met die tydsverskil was dit tien teen een presies dieselfde tyd toe ek die fliek op die vliegtuig gekyk het... *"The spirits of prophets are subject to prophets."*[73]

Elke keer wanneer dit wat die Heilige Gees aan my openbaar resoneer met dit wat Aäron of Hur, my gebedsgenote, in hul gees ervaar, kom vou gerustheid soos 'n sagte donskombers om my hart. Telkens besef ek opnuut: ek is nie sommer besig om myself wys te maak wat ek graag wil hoor nie. Die Heilige Gees fluister in ons ore en die klank van Sy Stem resoneer oor die oseane en deur die lugstrome met ons gees.

13 September: Ma: "Positiewe denke maak die laste ligter."

14 September stuur Mamma 'n foto van 'n arend by haar nes. Dit lyk of die nes omring word met 'n vlamme-vuur. Wanneer 'n mens die foto omdraai, lyk dit soos Jesus se gesig met 'n doringkroon op sy kop – binne-in die vlamme-vuur.

15 September: Ek: *"Now faith is the assurance of things hoped for, the conviction of things not seen."*[74]

Nee, ons is nie naïef nie. Ons leef ook nie in 'n gekkeparadys nie. Ons wéét ons is in die vuur. Ons weet ook Wie ons Beskermende Arend te midde van hierdie vuur is!

*

Maandag, 16 September 4h48 land ons in Auckland. Ons het drie dae om ons Hamilton-huis klaar op te pak, want Donderdag trek ons. Ek verander ratte na *auto pilot*.

*

Om verskeie redes is ons gesin glad nie ten gunste van chemo nie. Pappa het uiteindelik tot bestraling ingestem, maar ons het nie vrede daaroor nie.

16 September keur die mediese fonds die bestraling af. Die onkoloog skryf 'n kliniese motiveringsbrief. Kort daarna keur hulle dit 'n tweede maal af – en daarmee het almal in ons gesin totale vrede. Ons het in elk geval nie geglo dat bestraling die pad was wat die Here vir Pappa se genesing gekies het nie.

Nou wil ek jou, liewe Leser, graag daaraan herinner dat hierdie óns storie, óns getuienis; óns pad van genesing is. Ek sê nie jy wat kanker het, moenie gaan vir chemo of bestraling nie. Ek sê net: óns het geweet dit was nie die wil van die Here dat óns daardie pad moes loop nie.

My pa het reeds met die aanvanklike diagnose besluit om alternatiewe geneesmiddels te volg soos wat die Heilige Gees Hom lei en om bo alles op God te vertrou vir Sy genesing. Hy het onder andere Kankerbossie, Essiestee en 'n produk wat die liggaam se stamselproduksie stimuleer, gebruik. Hy het ook sekere voorstelle van Chris Wark gevolg. Chris fokus hoofsaaklik op 'n veranderde leefstyl, wat 'n dieet insluit gepak met groente, vrugte en kruie wat kanker doodmaak en jou immuniteit versterk, asook die vermyding van kosse wat kanker voed. Maar Chris se grootste wapen in sy stryd teen kanker was sy geloof in Jesus Christus.

Met my en Aäron se hulp inkorporeer Mamma van Chris se voorstelle in Pappa se daaglikse dieet. My ouers besluit om dit te doen wat vir hulle sin maak en wat vir hulle moontlik is. Maar, net soos vir Chris, is ons sterkste wapen ons geloof.

17 September: Ander sus: "Die reus voor jou is nooit groter as die God wat binne-in jou leef nie."[75]

18 September sing ons almal die Oorwinningslied en verklaar dit oor Pappa.

Vroeg die oggend van 19 September trek twee groot vervoervragmotors by ons oprit in.

Ma: "Saterdag kom Tannie Mini, Tannie Kiewiet en Monique kuier. Sanel en Hendrik kom ook. Laat weet of julle iets kan saambring."

Ander sus: "Ek sal 'n pastagereg vir Saterdag maak en 'n aartappelgereg vir Sondag."

Ma: "Baie dankie, my kind. Waardeer baie. O ja, vir tee Saterdag, peppermenttert en miskien *swiss roll*?"

Ander sus: "Ek sal *swiss roll* bring."

Lin: "Ek sal pampoentert maak."

Ma: "Dankie, Lin. Waardeer. Ons is almal mal oor die tert."

Ek: "Sjoe, dit klink heerlik! Ek sal in die gees saam kuier. My gees sal appel-lief-julle-tert met seën-sous bring. Dit maak nie vet nie! LOL. Dink aan my! Ons trek vandag."

Ma: "Sterkte met die trekkery, my kind. Trek julle nou in die huurhuis in?"

Ek rol my oë en stuur half uitasem 'n vinnige stempos so tussen die trekkery deur:

"Nee, Mamma, ek het mos vir Ma gesê ons gaan langs die see kamp opslaan totdat ons 'n huis kry. Lief vir julle. Praat weer later."

Ma: "O ja, nou onthou ek. Ai toggie, waar is die geheue!"

Arme Mamma. Sy vat ook nie grond nie.

Lin: "Dink aan jou, Sus."

Ander sus: "Good night."

Vroeg Vrydagoggend SA-tyd: Ma: "Het julle al kamp opgeslaan en is die trekkery klaar?"

Ek stuur 'n stempos:

"Hallo, Mamma. Ag, dankie vir die opvolg. Ek en Niki is al hier. Ons het by 'n motel ingeboek hier oorkant die strand in Orewa. Manlief is nog op pad van Hamilton af met die karavaan. Hy het gewag dat hulle klaar pak en het die sleutels aan die nuwe eienaars oorhandig.
"Hy voel skrikkerig om die karavaan alleen te los hier oorkant die pad, so hy gaan reeds vanaand daarin slaap. Hoe hy oor al die bagasie geklim gaan kry om in die bed te kom, weet ek nie, so sterkte vir hom!
"Ek en Niki slaap liewer vanaand in die motel en môre-oggend sal ons gaan help kamp opslaan. Wens ons maar sterkte toe," lag ek senuweeagtig. "Julle weet mos die kamp-opslaan toets maar 'n bietjie 'n mens se verhouding! Tussen my en julle – ons het nou al genoeg toetse gehad die afgelope ruk, maar nou ja. Ek en Niki lê nou bietjie en rus en kyk *Showmax*. Ons sal later lekker in die straat afstap en by een van die strand-restaurantjies iets eet..."

"'n Jazz-plek," val Niki my in die rede.

"Ag, dis so 'n oulike restaurantjie," vertel ek verder.

"Dit is…wat…*Down…*?" vra ek vir Niki.

"Downtown…Downbeat!" onthou Niki.

"Ja, *Downbeat*. Hulle speel hierdie outydse, stil, swart-en-wit flieks.
Ek en Niki hou nogal van die atmosfeer. Wel, ons is nou amptelik
homeless – met lekker baie geld in ons bankrekening," lag ek.
"Ons moet nou net weer 'n huis hier in Auckland kry – en dan is daar
weer niks geld oor in die bankrekening nie!" grap ek verder in my
stempos aan my ma en sussies.
"Dink maar aan ons, bid vir ons. Ek glo Liewe Jesus het die perfekte
plekkie vir ons uitgekies. Intussen maak ons ons reg vir 'n lekker
avontuur. Ons gaan vir 'n 'onbepaalde tydperk' heerlik hier by die see
kamp. Oe, bid asseblief vir die weer! September by ons is glad nie so
warm soos September by julle nie. Maar ons is in Afrika gebore. Ons
is lekker *tough*! Ons bly al elf jaar in Kiwiland se nat koue."

"Ons kan dit maak, of hoe, Niki?" betrek ek Niki weer by my
eensydige gesprek.
*"You have been speaking for two minutes and forty seconds. Too
much! Stop!"* kla Niki.

"Oukei, Niki sê ek moet nou stop," lag ek. "Baie lief vir julle!"

"Niki, jy kan nie jou ma stop net wanneer sy lekker op dreef kom nie!"
kom Lin se stempos gemaak verontwaardig. "Jy moet verstaan, ons
hartsbegeertes is om te praat en ons wedervaringe te deel. So, jy
moet meer begrip hê vir jou ma, man, siestog!
"Ag, my liewe daklose familie, hier is rêrig slaapplek in Suid-Afrika.
Ons weet dis warm – dis dertig grade hier en die kinders swem al
elke dag hierdie week. Ons sal ons rêrig ontferm oor julle en vir julle
slaapplek gee, want ons is baie lief vir julle!" spot sy ewe ernstig.
Dan lag sy: "Ek sal vir julle bid vir goeie weer. Geniet julle tydjie – en
veral vanaand se kos. Daardie restaurant klink baie oulik. Ek sal baie
graag saam met julle daar wil sit. Baie lief vir julle."
Ek: "Ag, dankie, Sussa! Ek vat jou sommer aan op daardie ene. Ek
en Niki sal in die *Concorde* klim en dan is ons woeps-waps binne

sekondes by julle!" spot ek saam. "Dan kan ons vanaand lekker warm slaap, julle kan ons lekker bederf en ons kan Sondag almal saam kuier. Dit sal heerlik wees!"

Niki skud haar kop en begin lag vir my verspotheid. Maar tussen al die gespottery deur blink 'n paar trane aan weerskante van die groot oseaan…

*

Kort na vyf die volgende oggend is ek en Niki reeds wakker. Ek skakel my foon aan en Mamma se boodskap vibreer:

"Staan julle kampie al?"

"Nee, Mamma," antwoord ek in my heserige wakkerword-stem. "Registrasie het eers vier-uur gistermiddag gebeur. In Nieu-Seeland raai die oordragsprokureurs hul kliënte ten sterkste af om die sleutels te oorhandig alvorens registrasie bevestig is, so manlief het eers donker hier aangekom."

Ek onderbreek myself om 'n warm slukkie koffie te neem.

"Ons arme katte mag slegs vir drie dae saam kamp," vertel ek verder. "Kampreëls laat nie diere vir langer toe nie. Tans is die enigste opsie die katlosieshuis bo in die straat. Dit werk nogal duur uit om twee katte daar te huisves. Bid tog asseblief saam met ons dat ons 'n alternatiewe blyplek vir ons kat-kinders kry?"

My keel brand toe ek die volgende sluk te groot en te vinnig neem.

"Wens ons sterkte toe vir ons dag. Groot kamp-opslaandag vandag. Omdat ons nie weet hoe lank ons nomade gaan wees voordat ons 'n huis gekoop kry nie, moes ek natuurlik soveel goed uithou! Niki se tuisonderrigboeke, warm en koel klere, ag! So baie om uit te sorteer! Wel, ons betree nou wat ons noem 'n *working holiday*: Manlief ry elke

99

dag kantoor toe – met groot verligting! In plaas van twee-en-'n-half na drie ure, neem dit hom nou twee-en-'n-half na drie minúte om by die werk te kom!

"Sodra hy weg is, sal ons eers die kamp inrig. Van môre af is dit tuisonderrig so in die karavaan. Namiddae en naweke sal ons huis soek. Gelukkig sal my huiswerk 'n bietjie minder wees as gewoonlik! Lekker dag!"

*

Moeg, maar dankbaar klim ek in my karavaanbed. Ek slaap soos 'n baba. Met sonsopkoms lê ek knus onder my dik wolduvet en tuur by die venster uit. Reg voor ons is 'n voetpaadjie wat parallel met die strand loop. Die water glinster blinkblou met net 'n paar golfies wat saggies vlak kom breek. Shakespeare Park lê en bak in die son op die horison aan die ander kant van die baai. 'n Palmboom in die hoek van my venster rond die prentjie mooi af.

20 September tref die tekkie die teer letterlik lekker hard toe my hartkind die 200 meter hekkies vir die O/16 seuns by Twizza wen. Die trane rol terwyl ek na die video kyk. Twee weke later lê hy in die hospitaal met Guillain Barr – 'n siekte wat jou senuwees aanval. Hy kon nie eens sy bene oplig nie…

21 September is die groot kuier met die appel-lief-julle-tert en familie van regoor die land. Hierdie keer kom hulle regtig groet! dink ek vir 'n oomblik benoud. My hart is seer dat ek nie daar kan wees nie. Ek wil so graag meer vir Pappa doen!

23 September bel Mamma terwyl ons êrens aandete eet. 'n Yskoue hand vat om my hart. Mamma se stem klink gespanne en haar woorde tuimel oormekaar: "My kind, Pappa weet nie hoe om dit vir jou te sê nie…Hy sal nie kan vlieg nie."

Klingel, kletter, tingeling…Duisend splinters om my heen…

Hoofstuk 9

Die Wapenrusting

Die mees bekende gedeelte oor die Christen se wapenrusting is seker in Efesiërs 6, waar Paulus ons maan om die volle wapenrusting wat God ons gee, aan te trek. Hoekom? Hy verduidelik soos volg:

> "Een ding moet julle weet: Daar is 'n oorlog aan die gang en ons veg ook daarin. Dis nie 'n oorlog teen gewone mense nie. Ons moet teen die onsigbare geestelike magte van Satan veg. Hulle hou hulle sterk hier op aarde en doen bose dinge, maar kom eintlik van oral af. Sorg dat julle al die wapens reg hou wat God vir julle gegee het, sodat wanneer die bose magte op julle toesak, julle nie 'n duim vir hulle hoef terug te tree nie. Met al sy aanvalle en dinge sal die duiwel net mooi niks aan julle kan doen nie. Julle sal die wenners wees."[76]

In Daniël, hoofstuk 10, lees ons dat Daniël 'n visioen gehad het wat al sy krag gedreineer het en so erg was dat hy drie weke lank gebid en getreur het. Na drie weke het 'n engel aan hom verskyn:

> "Daniël, die Here is vir jou baie lief. Staan regop en luister na wat ek vir jou gaan sê, want ek is spesiaal na jou toe gestuur... Daniël, jy moenie bang wees nie. Van die eerste oomblik af dat jy begin bid het om hierdie dinge te probeer verstaan en in nederigheid voor God gestaan het, is jou gebede al verhoor. Ek is juis hier in antwoord op jou gebed. Die beskermengel van die Persiese Ryk het my een-en-twintig dae lank gekeer om na jou toe te kom. Toe het Migael, een van die belangrikste leiers van die engele, my kom help. Daarom kon ek hom daar by die Persiese beskermengel los."

Daniël vertel dat sy krag teruggekom het toe die engel aan hom raak:

"Toe sê hy vir my: "Moenie bang wees nie, God het jou lief! Ontspan net, dit sal goed gaan met jou. Jy hoef vir niks bang te wees nie!" Dit het my beter laat voel en ek sê toe vir hom: "U kan nou maar praat, want ek voel sommer baie beter." Hy sê toe vir my: "Verstaan jy nou waarom ek na jou toe gekom het? Ek moet binnekort teruggaan om teen die beskermengel van Persië te veg. Nie lank daarna nie sal die beskermengel van Griekeland ook op die toneel verskyn. Maar ek moet eers vir jou vertel wat in die Boek van die Waarheid geskryf staan. Daarna moet ek terug, want ongelukkig is daar niemand anders om my teen die ander twee beskermengele te help behalwe Israel se beskermengel, Migael, nie."[77]

In Sagaria 4 het Sagaria ook 'n visioen en gee 'n engel vir hom 'n boodskap aan Serubbabel, wat gedurende daardie tyd die goewerneur van Judea was:

"Toe sê hy vir my: 'Hier is die boodskap van die Here aan Serubbabel: Nie met mag en krag sal jy slaag nie, maar deur my Gees, sê die Here die Almagtige.'"[78]

Paulus roep ook die Korintiërs tot geestelike oorlogvoering op:

"Natuurlik is ons net doodgewone mense, maar ons leef glad nie volgens die reëls van hierdie wêreld nie. Nee, ons is in 'n voltydse oorlog gewikkel om die goeie nuus uit te dra.
Maar ons wapens is nie mensgemaakte wapens nie. Gelukkig nie! Ons staan in die Here se diens; daarom kry ons al ons wapens by Hom. Daarmee vernietig ons alles wat in die pad van die goeie nuus staan, selfs die heel sterkste vestings van die vyand. Met hierdie wapens vernietig ons elke vals argument.
Elke hooghartige leuen wat die ware kennis van God probeer verdraai, loop ons met God se wapens onderstebo. En elke gedagte wat deur ons koppe gaan, neem ons gevange en lewer dit aan Christus uit. Ons dink slegs wat Hy wil hê."[79]

Tonilee Adamson and Bobbye Brooks verduidelik geestelike oorlogvoering soos volg:

"As Christians, we are in a spiritual battle of some sort on a daily basis. In warfare, battles are fought on different fronts, for different reasons, and with varying degrees of intensity. The same is true in spiritual warfare. Our spiritual battles and warfare are real, even though we cannot physically see the attacker. But, we can educate ourselves on how the battles are fought and how they impact our lives on a daily basis."[80]

Ek bestudeer weer Efesiërs 6 waar Paulus ons maan om God se volle wapenrusting aan te trek. My fokus vertoef vir 'n wyle by 'die swaard van die Gees' – die 'Woord van God'.

Ek weet reeds hierdie is 'n geestelike oorlog. 'n Prentjie van Koning Arthur se Excalibur-swaard in my een hand en 'n groot, swaar houtskild in my ander hand, kom by my op. Ek het geloof nodig – 'n skild om die vyand se aanvalle af te weer – en God se Woord – 'n swaard – om die vyand aan te val.

Terwyl ek peins oor die groot, tradisionele houtskild, dink ek aan my gunsteling super hero-film, Avengers, en Captain America se kleiner, ronde, rooi-en-blou skild. 'n Bietjie Marvel-navorsing laat my besef dat Captain America se skild eintlik 'n baie beter een is, want hy gebruik dit nie net om aanvalle af te weer nie, maar dit is ook sy primêre wapen:

"Captain America relied heavily on the shield as a weapon that was balanced in both defensive and offensive capabilities. Made from vibranium it is able to absorb and reflect kinetic energy enabling it to withstand impacts that would break a shield made of any other material."[81]

Die Stem uit die Ewigheid sê vir my: "Só moet jou geloof wees: so sterk dat géén aanval dit kan deurdring nie!"

God se Woord om mee aan te val; my geloof as skild om aanvalle mee af te weer en my genesingsplakkaat as my oorlogsplan. Stadig, stap vir stap, werk ek weer deur my oorlogsplan.

Ek besef opnuut dat ek in my eie krag magteloos is om enigiets te doen. In nederige afhanklikheid staan ek soos Paulus voor die

Troon van Genade en pleit: *"I claim to know nothing - except Jesus Christ and Him crucified!"*[82]

"Cancer, you cannot have my dad!' Because CHRIST WILL HEAL my dad! Hallelujah! Praise precedes the victory![83] *Jericho 's walls fell because of their shouts of joy and not the other way around*[84]*,"* lees ek weer die oorlogskrete op my genesingsplakkaat.

Ek en Aäron en Hur. Saam bid ons vir 'n wonderwerk soos nog nooit tevore nie, *"because when God's warriors go down on their knees, the battle is NOT over. It has just begun!"*[85]

Vasberade en met nadruk gaan ek voort om elke stuk Skrif hardop te lees en verklaar dit opnuut:

"For we wrestle not against flesh and blood, but against principalities, against powers, against the rulers of the darkness of this world, against spiritual wickedness in high places."[86]

"But faith takes us beyond ourselves to where God is".[87]

"En deur die geloof in Sy Naam het Sy Naam hierdie man – Chris Viljoen - wat julle sien en ken, sterk gemaak, en die geloof wat deur Hom is, het hom hierdie volkome gesondheid gegee in die teenwoordigheid van julle almal...Julle almal en die hele volk Israel moet weet dat dit in die Naam van Jesus Christus van Nasaret is dat Chris Viljoen hier gesond voor julle staan – die Jesus vir wie julle gekruisig het, maar wat God uit die dood opgewek het."[88]

Dieselfde krag wat Jesus uit die dood opgewek het, is binne-in my![89]

"'Lord, if you are willing, You can make me clean.' Reaching out His Hand He touched him, saying: 'I am willing; be made clean.' Immediately his disease was healed."[90]

"Look, I have given you the authority to trample on snakes and scorpions – nothing will ever harm you!"[91]

"Therefore, I declare in the Name of Jesus Christ: Cancer, you cannot have my dad! CHRIST WILL HEAL my dad!"

Vasberade, oorgehaal, tik ek weer vir my pa:

"Pappa, die dokter se bevinding is 'n mens se bevinding en dit staan nie so in die hemele geskryf nie! Ek kanselleer hierdie diagnose in Jesus se Naam en ek spreek lewe oor Pappa; genesing en nie siekte nie. Dankie, Heilige Gees, dat U vir ons intree met onuitspreeklike versugtinge, omdat ons nie altyd weet wat ons moet bid nie."[92]

Uit volle bors sing ek elkeen van my oorlogsliedere terwyl hulle saggies in die oggendbriesie aan hul silwer lintjies draai. Die duiwel kan baie in 'n mens se kop kom raas as hy die dag verveeld is. Wat hom die vinnigste verjaag, is musiek. God se musiek!

"Whom shall I fear – I know who goes before me, I know who stands behind. The God of angel armies is always by my side...Nothing formed against me shall stand. You hold the whole world in your hand. I'm holding on to your promises."[93]

"I raise a hallelujah, in the presence of my enemies. I raise a hallelujah, louder than the unbelief. I raise a hallelujah, my weapon is a melody. I raise a hallelujah, heaven comes to fight for me. I'm gonna sing, in the middle of the storm. Louder and louder, you're gonna hear my praises roar. Up from the ashes, hope will arise. Death is defeated, the King is alive!"[94]

"He made me a promise. He gave me a calling, I know that He's able to keep me from falling. I focus my hope. The past is gone. The moment to prove the power of God has come! In this I will be confident! The time is now, the odds are long, the haters are loud, the pressure is on, but devil, you messed with the wrong one. I got my sling, I got my stone, and in the name of my God I will overcome. In this I will be confident."[95]

"Mountains are still being moved; strongholds are still being loosed. God we believe, cos yes we can see that wonders are still what You do. Bodies are still being raised. Giants are still being slain. God we believe, cos yes we can see that wonders are still what You do."[96]

Ek blaai deur my WhatsApp-gesprekslyn tot by Aäron se boodskap:

"A warrior is that woman who gets up despite the enemy trying to destroy her. A woman who declares victory before seeing it. A woman who believes she will receive her miracles, because she knows the Lord she serves is alive and powerful."[97]

Hierdie kryger is oorlogsgereed, maar daar is goeie dae en slegte dae. Op die goeie dae, getuig ek, bou ek Aäron en Hur op en ondersteun ek vir Pappa en Mamma met oproepe, boodskappe, lawwe geselsies en humor waar ek kan.

Ander dae slaan my weer plat. Dis op hierdie dae wat ek my studeerkamerdeur agter my toemaak, Pappa se genesingsplakkaat vat en my oorlogsmusiek kliphard speel. Terwyl dit speel, lees ek alles wat op die bord geskryf en geplak staan hard-op, totdat my oorlogskrete oorverdowend in die vyand se ore klink en hy die hasepad moet kies, omdat my geloof hom met elke lied, met elke stukkie Skrif, vernietig.

Soms, wanneer dit voel of die oorlog se vlamme die hare op my lyf skroei, gaan lê ek plat op my gesig voor die Genadetroon. Met die laaste bietjie menslike krag in my klou ek met albei my hande aan die soom van Sy kleed. Dan is al wat ek kan uitkry 'Andante, Andante...'

"Daarby moet julle altyd geloof as skild in die hand hê, want daarmee sal julle al die brandpyle van die bose kan afweer... En vat die swaard van die Gees: dit is die Woord van God."[98]

Wanneer die vyand dan weer kom - ten spyte van al my oorlogvoering - en saggies oor my skouer kom fluister: "Wat as...." draai ek om. *I stare him square in the face and tell him: "I do not fear this storm! I will step out in faith and should the water overwhelm me, I know He will save me. I'll much rather be soaking wet and in the arms of Jesus than safe and dry in the boat. Thank you very much for your concern. But God's got my back!"*

*

Sekere tye – veral gedurende Augustusmaand – het die duiwel my erg aangeval. Ek het lank gelede gehoor dat 'n pastoorsvrou vertel het hoe die duiwel haar tydens 'n geestesoorlog aangeval het. Sy het genoem dat sy hom partymaal in die gang sien staan het en naderhand het sy net verveeld vir hom gesê: "O, is dit al weer jy?' sodat hy moed opgegee en verdwyn het.

Ek het eers gedink dat dit my baie bang sou maak as die duiwel so aan my moes verskyn. Hoe meer ek egter daaroor gedink het, het ek gesê: "Nee, Here! Ek weier om bang te wees vir 'n ou duiweltjie." Ek het God gevra om my te help om oor die duiwel te heers, sou hy ooit so aan my verskyn.

Een nag gedurende Augustus het ek 'n vreeslike nagmerrie gehad en toe ek wakker skrik, sien ek so 'n klein mannetjie – eintlik meer sy skadu – by die voetenent van my bed 'n Repelsteeltjie-dans doen; so al asof hy my drome met 'n duiwelse spel probeer beheer. Ek het half orent gesit en hardop gesê: "In die Naam van Jesus: wyk satan!" en hy het onmiddellik gedisintegreer en verdwyn. Die wonderlikste was, ek het geen vrees gevoel nie. Ek kon oombliklik voel die bose gees is weg en ek kon dadelik weer aan die slaap raak.

Maar so maklik het hy nie opgegee nie. Die volgende nag het ek wakker geword en hom by my kamerdeur sien staan. Ek het weer half regop gesit en gesê: "Wyk satan!" maar die beeld was steeds daar. Eers het ek gewonder of dit was omdat ek vergeet het om te sê: "In die Naam van Jesus", maar toe word die beeld duideliker.

Ek het die buitelyne (stralende lig) van 'n engel gesien wat die hele kosyn vol staan en voor hom die skadu-agtige klein mannetjie. Toe lig die engel 'n swaard bo sy kop en sny reg deur die tokkelossie-mannetjie! Onmiddellik het die mannetjie gedisintegreer.

107

Die oomblik toe ek besef dit is 'n engel wat daar staan, verdwyn die beeld. Intense vrede het my oorval.

Maar die kat – of in hierdie geval die duiwel se trawante – het 'n derde keer teruggekom. Toe ek hierdie keer wakker word, was hulle in die vorm van drie skadu-agtige, grootkop-, eenoog-slange wat op en af teen my deurkosyn geseil het. Ek het hierdie keer geïrriteerd regop gesit en gesê: "Rêrig? Julle weet mos nou julle kan nie inkom nie. In die Naam van Jesus: wyk satan!"

Toe bly hulle weg.

Dit was opmerklik hoe die vyand geleidelik al verder weggevlug het: Eers was hy by my voetenent; toe het hy net in die deur bly staan en uiteindelik het hy drie patetiese handlangers gestuur wat niks meer kon doen as om op en af teen my deurkosyn te seil nie.

Toe ek Niki daarvan vertel, sê sy: *"Mom, you should anoint your door with oil."* Ek het dadelik opgestaan en elke kosyn in my huis met olie gesalf.

"Mom, I didn't mean every door in the house!" het Niki met rollende oë gesê.

Die vyand het dit nie weer naby gewaag nie.

"Weerstaan die duiwel en hy sal van julle wegvlug."[99]

Maar dit is nie maklik nie! Hur is saam met my stukkend oor ons onderskeie ouers se verpletterende skanderingsverslae. Ons geloof wankel nie 'n oomblik nie. Ons is net stukkend, want dis ons ouers!

Hier sit ons: twee dogters wat met alles in hul vermoë glo dat hul onderskeie ouers genees gaan word – en op dieselfde tyd spreek die mediese wetenskap vloekwoorde soos Fase Vier oor my pa en haar ma se lewens – so al asof hulle die mag oor lewe en dood het!

Steeds hef ons ons halleluja omhoog in die teenwoordigheid van ons vyande en harder as die ongeloof.[100] Hoe slegter die nuus, hoe meer het ons in ons genesing en ons getuienis geglo.

My foon biep met 'n boodskap van Tannie Joyce:

"Trusting God allows us to enter His rest, and rest is a place of peace where we are able to enjoy our lives while being confident God is fighting our battles."[101]

Hoofstuk 10

Toe waai ons tent weg

Mamma verduidelik dat Pappa regtig te siek is om te vlieg. Hy kan nie vir langer as 'n halfuur sit nie, hy sukkel om te slaap en stoei met allerlei simptome. Wat ek nie in hierdie stadium weet nie – en gelukkig eers maande later sou uitvind – is dat Pappa vir Mamma gesê het om haarself te begin voorberei...

Verblind deur die trane staar ek na die splinters om my voete. Twee jaar se droom en beplan aan hul vakansie by my, my planne vir Kersfees en al die gesonde, lekker bederfresepte vir Pappa! Hulle is altyd so anders wanneer hulle hier kuier. Hier vergeet hulle so 'n bietjie van al die ander kinders en kleinkinders en van die werkswinkel se uitdagings. Hier het ek hulle onverdeelde aandag. Hier kry Niki kans om ook soos ander kinders haar Oupa en Ouma te leer ken...

"Doen wat jy moet doen. Ek sal nie nou Suid-Afrika toe kan gaan nie, want ek moet in Februarie vir besigheid gaan. Ek kan ook nie nou so na aan jaareinde van die kantoor af weg wees nie. Kanselleer Pa en Ma se kaartjies en bespreek vir jou en Niki vlugte," kom manlief met 'n praktiese oplossing.

Nou ja, sug ek. Soos Pa my van kleintyd af geleer het, haal ek diep asem, vee my trane af en maak my skouers reguit. My stem bewe nog effe, maar ek kry dit reg om nie in trane uit te bars toe ek ons reisagent skakel nie. Sy kanselleer Pa en Ma se kaartjies en ons verloor 'n klomp geld in die proses, maar in hierdie stadium is dit die laaste ding waaroor ons ons bekommer. Al waaroor ek my nou bekommer, is om betyds in Suid-Afrika uit te kom. *For everything else, there's Mastercard!*[102]

Ek besluit om Pappa vir sy sewentigste verjaardag te verras. Mamma en Lin hou my aankomsdatum 'n geheim. Vir Pappa vertel ons ek en my dogtertjie sal Kersfees daar wees. So lê ons maar weer die groot, swaar pakket voor Jesus se voete neer en sit die hartseer agter ons. Ek, Aäron en Hur fokus op ons geestelike oorlogvoering.

Kort-kort kom sit die vyand op my skouer en fluister: 'Dink jy rêrig jy gaan betyds wees?' Soos Steven Furtick Die Tweede klap ek hom van my skouer af, swaai om en sê met vaste oortuiging:

"I will be confident in this: He made me a promise! He gave me a calling, I know that He's able to keep me from falling! I focus my hope! The past is gone! The moment to prove the power of God has come! In this I WILL be confident!"[103]

Gelukkig maak die Here my dagtake vol met allerlei afleidings. Karavaan-lewe het nogal sy eie uitdagings – veral gedurende September en Oktober in Auckland, Nieu-Seeland! 'n Sikloon oor die Stille Oseaan veroorsaak erge reënval en wind.

Intussen gaan die lewe aan: my ander susterskinders wen atletiekwedlope, Mamma word sewentig…en ons kamp steeds op die strand. Ons *homeschool* en doen *house hunting* en gaan was ons klere by die *laundromat*.

Intussen gaan Pappa se gesondheid baie agteruit.

Een oggend gaan kyk ons na 'n huis wat telkens tydens ons internetsoektogte opgekom het, maar ver bo ons vuurmaakplek was. Hierdie keer wil ons regtig nie weer 'n verband hê nie.

Die huis teen die heuwel het egter 'n tweeslaapkamer-eenheid wat ons kan uitverhuur om die verband te dek. Om die sprong te maak van 'n huis wat net groot genoeg is vir ons drie en al ons diere, na een met 'n tweede woning op die erf, is 'n paar honderdduisend dollar meer as wat ons wou spandeer, maar ons sukkel so om 'n plek te kry wat al ons boksies met regmerkies vul.

Ons spring deur 'n paar hoepels, gaan kyk na nog 'n paar huise in die omgewing en kou langtand aan die idee van 'n verband. Die uitsig, die oopheid en die nabyheid aan manlief se werk maak dat die huis nommer een op ons lys word. Op die eerste Oktober maak ons die finale aanbod, met 'n paar wysigings. Dit klink asof ons net voor Kersfees sal kan intrek.

Die einde is in sig!

*

8 Oktober neem 'n ambulans my hartkind Pretoria toe vir verdere neurologiese toetse.

9 Oktober bevestig die neuroloog dat daar geen senu-skade is nie en dat hy honderd present sal herstel, al mag die pad nog lank en moeilik wees.

11 Oktober word hy ontslaan. Halleluja!

*

Na vier weke se kamp op die strand, waai ons op 16 Oktober letterlik weg! Ons is besig om by Countdown vir ons inkopies te betaal, toe manlief bel. Hy ry nou by die kantoor en ons moet vinnig by die kamp uitkom. Kampbestuur het hom geskakel en laat weet dat die wind die tent reg bo-oor die karavaan gewaai het.

Terwyl ek haastig die pakkies in die SUV laai, hardloop my gedagtes na 'n ander windstorm tydens 'n vorige kamp...

*

Ek is agt jaar oud, ander sus vyf en Lin 'n pap baba in 'n stootwaentjie. Die vyf van ons kampeer heerlik by Richardsbaai. Daardie dag gooi ons ons handdoeke, soos jy vir die see kyk, regs van die dolosse by Alkantstrand neer en baljaar heerlik in die vlak branders.

Middagete se kant is almal lekker honger, moeg gespeel en Pappa en Mamma besluit ons keer nou kampwaarts. Alles is opgepak, Mamma stoot die stootwaentjie, Pappa dra die stoele en koelsak en ek en ander sus dra ons handdoeke en emmertjies. Alles gaan goed, tot ons anderkant die dolosse kom.

'n Verskriklike wind waai ons amper onderstebo. Ek en ander sus kla dat die sand ons ogies brand en ons bene piets. Mamma sê om die handdoeke om ons koppe en lyfies te draai. Die wind is iets verskrikliks. Ek kan nie opkyk nie en sukkel om deur die swaar sand teen die wind te beur. Gelukkig maak die stootwaentjie diep spore in die sand. Soos Hansie en Grietjie kyk ek net af en volg die spore.

In 'n stadium hoor ek Mamma roep na ander sus. Toe ek omkyk, is sy amper in die see. Die sterk wind druk haar klein lyfie skoon skeef en dwing haar al meer see se kant toe. Pappa sit die goed neer en gaan haal haar eers.

"Kyk net af en loop tussen die waentjie se spore, Sussie," kom ek met my logiese oplossing.

By die kamp aangekom, bejammer ek my arme bene wat bloedrooi geslaan is deur die sand. Mamma haal die kombersie af waarmee sy die waentjie se opening toegegooi het om die baba teen die sand te beskerm. "O genadetjie, alles is vol sand!" roep sy uit. Lin het stroopsoet deur die hele stormstap geslaap, al was haar oortjies vol sand gewaai. Mamma moes tot die doek wat sy aangehad het, uitskud. Sandkorrels het oral ingekruip.

Hoewel ander sus byna die see in gewaai het, was ek nie een oomblik benoud nie. Ek het geweet, solank ek net die waentjie se spore volg, sal Pappa en Mamma ons veilig tot by die kamp lei.

*

By Orewa-kampterrein aangekom, speel Alkantstrand se stormwind weer voor my af. Soos vir ander sus destyds, is die wind vinnig besig om ons goed see in te waai. Die splinternuwe tent het met penne, pale en al reg bo-oor die karavaan gewaai! Soos mal hase hardloop ons rond om ons besittinkies van 'n gewisse see-roof te red. Nog nooit het hierdie drie Standers so goed saamgewerk en kamp in so 'n kort tydjie opgepak nie.

My genesingsplakkaat het bo-op 'n kas in die tent gelê. Niki kry dit waar dit agter die kas ingeval het. Wonder bo wonder het dit nie weggewaai nie. Wat wel weggewaai het, was een van die geestelike oorlogvoeringsliedere – *I raise a hallelujah*.

Ag wat, iemand wat nodig het om dit te lees, moet dit seker optel, dink ek. Dalk help dit nog met 'n wonderwerk in sy of haar lewe. Ek kan mos maar net weer die woorde uitdruk en vassit – wanneer ek eendag weer my drukker kan uitpak, bygesê!

Bonatuurlike beskerming het gekeer dat die genesingsplakkaat self nie beskadig het nie. Wat wel baie interessant is, is dat die uitslag van die MRI uit die koevertjie uitgewaai het. Dadelik aanvaar ek dit as 'n teken dat die uitslag van die MRI irrelevant is. Later sou ek met verwondering aan vandag se datum terugdink – 16 Oktober – en glimlag dat die resultate en hierdie spesifieke lied juis vandag weggewaai het.

Twee ure later is alles wat in die tent was – insluitend die tent, 'n paar gebreekte pale en hopelik die meeste van die tentpenne – in ons twee motors en die karavaan ingedruk. Manlief en ek kyk na mekaar en dieselfde wete lê in ons albei se oë. Gelyk sê ons vir mekaar: "Ek dink ons is nou klaar gekamp."

Gelukkig het die motel oorkant die straat, waar ek en Niki die eerste nag van ons 'dakloosheid' geslaap het, 'n woonstelletjie met twee slaapkamers, 'n badkamer en klein kombuisie beskikbaar. Ons begin naarstiglik na 'n gemeubileerde, korttermyn woonstel soek waar ons katte ook welkom is, want hierdie oefening raak nou duur.

*

20 Oktober kry my hartkind bosluiskoors.

22 Oktober gee die Here deur Joel Osteen vir my 'n boodskap vanuit 'n ander invalshoek. Hy stel dit so: Dawid het nooit vir Saul verslaan nie – hy het hom oorleef. Hy moes hom telkens weerstaan, en eendag toe hy omkyk, toe is Saul nie meer daar nie.

Sommige vyande is nie vir ons om te verslaan nie; dis daar om ons karakter te bou. Indien ons die vyand kan weerstaan, sal hy van ons wegvlug, soos Jakobus inderdaad gesê het in hoofstuk vier vers sewe.

Intussen beplan ek baie hard saam met my ma en my sussie aan my ouers se sewentigste verjaardagpartytjie wat ek kammakastig nie gaan bywoon nie. Mamma vra weer dat ek die uitnodiging help opstel. Steeds vermoed Pappa en die res van my familie niks nie en het geen idee van my aandeel in die beplanning van die partytjie nie. Gelukkig help die opwinding van die verrassing om ons positief te hou – dít en die geestelike oorlog wat ons elke dag aanhou stry.

Ons nuwe gemeente (eintlik ons oue – die eerste een waarby ons aangesluit het toe ons in Kiwiland voet aan wal gesit het) hou 'n dameskamp die eerste naweek in November. Hulle noem dit die ”Hoop Dameskamp”. Hierdie is vir my 'n duidelike ligwyser op my pad. Die Heilige Gees dring my en Sondag skryf ek my, Hur se mamma en haar dogters se name op die lys voordat enigiemand anders registreer.

Hoe goed is God nie vir my nie! In die middel van my deurmekaar lewe bring Hy my en my geestelike oorlogstryders na 'n kamp getitel 'Hoop' – reg langs een van die mooiste strande in Nieu-Seeland!

Deur die loop van die kamp lewer 'n paar dames wat een of meer van hul ouers verloor het, getuienisse. Elke keer kom vat die vyand koud om my hart, maar ek weerstaan hom! Nog 'n jong vrou deel haar rou hart met ons. Sy vertel hoe 'n vriendin Suid-Afrika toe gevlieg het om haar siek ouer te groet, maar te laat was. Op die lughawe het haar familie haar met 'n doodstyding ingewag…

Ek gryp Hur se arm hier langs my styf vas en ek begin verskriklik huil. ”Here, asseblief! Laat my net betyds wees!” Die kryger binne-in my staan tussen die trane deur op. Here, ek weier om 'n neerlaag te aanvaar!

”Hur,” sê ek saggies deur die trane, ”ek weier om toe te gee aan die vrees dat ek nie betyds gaan wees om my pa vas te hou nie!”

Hur draai na my toe en sit regop in haar stoel terwyl sy my deurdringend aankyk. ”Lijlanie,” profeteer sy, ”jy gaan Suid-Afrika toe om jou pa se genesing te vier!”

Die sprekers is klaar en ons sing 'n laaste paar lofliedere saam. Petro begelei en Cathy, haar dogter, sing. Hulle sluit af met niks anders nie as *I raise a hallelujah*. Meteens weet ek: God het dit so beplan! Na die lied stap ek vorentoe en vra vir Cathy of ons dit asseblief nog een maal kan sing. "Mag ek asseblief die mikrofoon vir 'n paar oomblikke leen en die dames vertel waarom ek dit vra?"

"Natuurlik," glimlag sy.

Ek draai om om vir die dames die rede vir my versoek te verduidelik. My voorneme was om glad nie nou voor hulle te huil nie, maar tientalle vroue staan voor my, met soveel naakte emosie op hul gesigte! Duidelik is almal diep geraak! Soos die woorde uit my hart uit skeur, begin die trane stroom.

"Ek is uit my hart uit so jammer vir elkeen van julle wat 'n ouer aan die dood moes afstaan...Maar, vandag staan hier drie dogters tussen julle wat vir hul ouers baklei: ek vir my pa en Hur en haar sussie vir hul ma. Ons weier om ons ouers aan die dood af te staan deur kanker! Sal julle asseblief hierdie lied – wat 'toevallig' ons oorlogslied is, weer saam met ons sing en saam met ons vir ons ouers intree?"

Ek gee die mikrofoon aan Cathy terug en neem my plek langs Hur in. Petro begin weer die inleiding speel. Hierdie keer klink dit of daar twee maal soveel vroue in die saal is. Almal sing uit die hart uit saam! Oorkom met emosie, val ek op my knieë neer terwyl ons sing. Met my hande na bo, stort ek my alles voor Hom uit. *Here, dis my pa! Dis Hur se ma – mý Nieu-Seeland ma!*

Tydens die totsiens-sê is daar baie rooigehuilde oë, bemoedigende drukkies en opregte seënwense vir my reis. Die kamp verdaag. Soos ek die motor aanskakel, wel 'n intense verlange na Aäron in my op. Die nommer lui nie lank voordat sy antwoord nie.

Terwyl ek my ervaring van die kamp met haar deel, val Aäron my in die rede: "Sus, het Pa en Ma jou dan nog nie die nuus vertel nie?" vra sy half verbaas, half skuldig.

"Watse nuus?" vra ek verward.

"Die laaste bioplasma-skandering was skoon!" Dié skanderings waarvoor Pappa gegaan het, identifiseer blokkasies in die liggaam en kan dit deur middel van elektrodes neutraliseer. Onder andere kan dit kankerselle identifiseer en spesifiek teiken.

"Die skandering het geen kankerselle in die limfkliere, blaas en beenweefsel opgetel nie; slegs 'n klein bietjie was nog in die prostaat teenwoordig," verduidelik Aäron.

Blydskap oorweldig my. Saam jubel ons oor God se getrouheid. "Wanneer het julle gehoor?" vra ek.

"Seker so twee weke gelede. Ag, 'skuus, Sus. Ek het regtig gedink Pappa en Mamma het jou vertel en dinge was so dol..." maak sy verskoning.

"Wag, ek moet dadelik vir Pappa en Mamma bel," knip ek die gesprek kort.

Pappa bevestig die goeie nuus. "Ai, hoekom het Pappa my nie dadelik gebel nie?" vra ek – net 'n bietjie omgekrap, want my vreugde is te groot.

"Ek het gedink Mamma het jou vertel, my kind," maak Pappa ook verskoning. Saam loof ons die Here en my hart loop oor.

Pappa gee die foon vir Mamma. Ons gesels opgewonde en Mamma maak ook verskoning dat ek nou eers uitvind.

Terwyl ek met Mamma gesels, onthou ek die laaste dag op Orewa-strand en die storm wat die tent bo-oor die karavaan gewaai het. Al wat van my genesingsbord weggewaai het, was mos *I raise a hallelujah* en die MRI-verslag met fase vier kanker oral oor die papier.

"Wat was die datum van die laaste skandering, Mamma?" vra ek skielik.

Mamma blaai deur haar dagboek. "My kind, dit was 19 Oktober."

Ek trek my asem skerp in, my oë word groot en ek kyk op. *Here!*

Die storm, wat die MRI-verslag saam met *I raise a hallelujah* weggewaai het, was op 16 Oktober!

U het vooruit kom vertel!

Skielik gee ek glad nie om dat dit my ouers en sussies twee weke lank ontgaan het om die nuus met my te deel nie. Ek het dit tog eerste geweet! Die Heilige Gees self het dit in 'n stormwind aan my kom vertel!

Miskien wou God my toets om te sien of ek – terwyl die storm op sy ergste was en 'n doodsvonnis oor my pappa uitgespreek was – Hom genoeg sou vertrou om te midde van die storm uit die boot te klim, die kans te vat dat ek sou sink en met my oë gefokus op Hom te sê: "Here, help ons! Ek weet U kan!"

Nie net het ek toe droog en veilig in Jesus se arms ingehardloop nie, maar Hy het vir my bevestig dat die storm daardie dag die skanderingresultate uit my genesingsbord uitgewaai het, omdat Hy inderdaad die God van wonderwerke is.

En toe wen die Springbokke boonop nog die Wêreldbeker ook vandag!

Hoofstuk 11

Jou Rooilippies, Jou Suikerbek

Mamma: "Lij, onthou asseblief om 'n uitnodiging te skryf vir ons sewentigste?"

Ek rol my oë. Soos so dikwels vantevore, wag Mamma geduldig (maar aanhoudend!) vir my om 'n uitnodiging te skryf – hierdie keer vir hul gesamentlike sewentigste verjaardagparty. Mamma vra altyd weke voor die tyd en dan karring sy elke keer wanneer sy met my gesels dat ek tog asseblief moet onthou.

Soos enige skrywer of kunstenaar weet – inspirasie kom nie *on demand* nie. Soms kom die inspirasie in die middel van die nag, soms in die motor. Ek het al van my beste skryfwerk gedoen al om die inhoud van 'n kerkblaadjie, in die parkeerarea voor ek by die gimnasium uitklim. Soms kom die woorde saam met die branders aangerol wanneer ek op die strand stap.

Een van hierdie uitnodigings was vir hul Silwerbruilof. Dit was 'n verrassingspartytjie by tannie-sussie-vriendin se huis in Pretoria. 'n Ander een was vir hul dertigste huweliksherdenking. Dit was 'n verrassingspartytjie by ander sus se huis. So was daar oor die jare uitnodigings na kombuis- en ooievaarstees, doopgeleenthede en verjaardagpartytjies.

Vanoggend, 25 Oktober, het die woorde saam die sonsopkoms deur die venster ingestraal gekom. Ek skribbel so rukkie, dink weer 'n bietjie, vee uit en skribbel weer totdat ek tevrede is. Opgewonde (en verlig!) stuur ek die prettige, verspotte uitnodiging vir Mamma:

Chris en Petro hou GROOT partytjie vanjaar!
Want 70 kosbare jare is hulle gespaar!
Kom vier saam ons 'n vreugdefees
en geniet 'n blymoedige bymekaar-wees-fees!

Saterdag 23 November is die groot dag
Om hul verjaardae te vier en lekker te lag
Kom kuier heerlik en word bedien by
Dr Beyers Naude straat 19A om tien.
RSVP voor 15 November: Tannie Piet: 082 464 5667

Mamma: "Dankie, my kind. Ai, ek sien so uit na volgende maand. Haai! Ons praat al van volgende maand!"

*

Die volgende twee weke is gejaag en deurmekaar: ons maak reg vir 'n sewe-weke-reis Suid-Afrika toe; ons hoor skielik ons moet in ons nuwe huis intrek die dag voor ek en Niki vlieg; ons probeer ons tuisonderrig vir die jaar afhandel, toetse skryf…nee, moenie vra nie, ek het GEEN idee hoe ek elke dag se boksies afmerk nie, maar wonder bo wonder ruk die vliegtuig skielik soos die wiele die teer slaan op Jan Smuts…ag, ek bedoel Oliver Tambo-lughawe. Dis 17 November 2019 en nóg Pappa, nóg die res van die familie vermoed ek het reeds geland!

Net voordat ek op die vliegtuig geklim het, het ek vir Lin 'n kleurvolle kennisgewing op WhatsApp gestuur met die volgende woorde: *ARRIVALS QF63*. Ons het ooreengekom dat ander sus ook verras moes word. Wanneer hulle naby die lughawe kom, moes sy hierdie WhatsApp vir haar wys. Ander sus was onder die indruk hulle gaan iets optel vir Pappa en Mamma se partytjie. Eers toe sy die WhatsApp sien, sou sy begin wonder of hulle my op die lughawe gaan kry. LOL!

*

Kleintyd, wanneer ek en Pappa êrens heen sou stap, het hy altyd my klein handjie in sy groot, warm hand toegevou. Niks in die wêreld kon my veiliger laat voel as dit nie. Terwyl sy oë lewenslustig gevonkel het, het hy afgekyk na my en begin sing: "Jou Rooilippies, jou Suikerbek! Waarom is ek na jou so gek?"

Die hele vlug deur het ek saggies bly prewel: "Here, laat my asseblief betyds wees om hom nog een maal teen my vas te druk, dit nog een maal saam hom te sing, nog een maal my hand in sy groot, warm hand te druk!"

Opwinding bou op soos ek en Niki vir ons tasse wag. Uiteindelik stap ons in die bekende gang af. Daar voor wag die glasdeure. Niki roep ek moet wag, maar ek kan nie – nie meer nie! Die deure skuif oop. Daar staan hulle! Ek los die trollie net daar, Lin ignoreer die streep op die vloer en ons is in mekaar se arms!

Die blydskap om my sussies te sien is…onbeskryflik! Ons lag en huil deurmekaar. Hulle verwonder hulle oor Niki wat so groot geword het. Tussen al die gebabbel deur betaal ons vir parkering, vind die kar, laai die tasse in en uiteindelik los ons die lughawe in die truspieëltjie.

Die rit Middelburg toe wil nie klaarkry nie – al klets ons een strook deur! Woordeloos bly ek prewel: "Here, laat ek tog net betyds wees!"

Uiteindelik trek ons in die groot, wye oprit in. Ons glip saggies by Lin-hulle se deur in. Mamma wag ons in. Ons trane stroom en ons klou aan mekaar vas. Fluister-fluister stap ons deur die waskamer na Mamma-hulle se kant van die huis toe. Nou kan ek nie meer wag nie. Ek haal diep asem en soos ek by die kombuis uitstap, begin ek te sing: "Jou Rooilippies, jou Suikerbek!"

Meteens, na maande wat die vyand om elke hoek en draai my wou wysmaak dat ek my pa nooit weer in hierdie lewe gaan sien nie, is ek skielik betyds! Betyds om in die sitkamer in te loop, terwyl ek saggies aanhou sing: "Waarom is ek na jou so gek?" Here, ek is betyds! Betyds om my pappa weer vas te hou!

Pappa spring op uit sy groot maroen gemakstoel. Ek val in sy arms in en ons hou mekaar vas asof ons lewe daarvan afhang. Geen woorde nie…Net my en Pappa se skouers wat nat word van mekaar se trane. In my hart roep ek oor en oor: *Dankie, Here! Dankie, Here!*

Dankie, Here! Dan hoor ek Pappa se stem sag teen my oor: "Dankie, Here!"

"Want waar twee of drie in My Naam saam is, daar is Ek!"[104]

*

18 November – en die susterskind wat ek eerste liefgehad het, word een-en-twintig! Wanneer ek laas een van sy verjaardag-partytjies bygewoon het, kan ek regtig nie onthou nie. Wat 'n voorreg om vanaand daar te kan wees!

So paar weke terug stuur ek 'n SMS:

"'n Voëltjie fluit hier by my agterdeur dat 'n baie aantreklike jong man binnekort mondig word. Kan jy my dalk vertel wat hy graag vir sy verjaardag sou wou hê?"

Mike: "Eintlik soek hy net liefde en aandag," antwoord hy half-verleë, half-spottend.

My kreatiewe brein skop dadelik in eerste rat en ek vra Lin om vir my 'n groot geskenkdoos te koop, aangesien ek nie tyd gaan hê voor Michael se verjaardag om dit daar te gaan koop nie. Intussen maak ek 'n draai by ons Dollar-winkel en koop verskillende kleure kunsvlyt-hartjies – so paar honderd van hulle! Bo-op elke hart skryf ek óf "liefde" óf "aandag". Ek koop ook 'n paar *poppers* en kinderpartytjie-negosies, asook 'n besonderse een-en-twintig-verjaardagkaartjie.

Terug by vandag, vra ek Lin of ons gou bank toe kan ry. Daar trek ek 'n klompie note, aangesien Mamma genoem het dat Mike graag vir hom 'n motor wil koop en almal besluit het om geldelike bydraes te maak. By die huis plaas ek die geld in die verjaardagkaartjie en sit dit heel onder in die geskenkdoos wat Lin vir my gekry het. Die hele geskenkdoos word gevul met hartjies en tierlantyntjies vol liefde en aandag.

Voor ek nog die vlugvoosheid uit my oë kan vee, is dit aand en ry ons na Mike se verjaardagete toe. Vir die eerste keer in twaalf jaar kan ek weer by 'n familielid se verjaardagpartytjie (buiten my Nieu-Seelandgesin s'n) wees. Ons lag en gesels, klink glasies en neem tientalle foto's. Ek sit tussen my pa en ma, met 'n beskermende hand soos 'n moederhen oor elkeen. *Dankie, Here!*

*

20 November – vroegoggend. Ongeduldig wag ek dat Lin en haar kinders kom sodat ons Pappa kan wakker sing soos van ouds. Die oomblik is vir my groot. Na die gesingery en gelukwensinge, vlug ek na my kamer – oorweldig deur emosie.

Aangesien die groot familie-partytjie om Pappa en Mamma se sewentigste verjaardae saam te vier vir Saterdag beplan is, besluit ons dat ons vanaand net as gesin saam gaan koek en tee geniet. Soos kleintyd in Tzaneen, wag ek Pappa reeds in toe hy vroeër as gewoonlik by die huis instap (dit is immers sy verjaardag en die een wat hy eerste liefgehad het, wag vir hom!)

Sonder om te groet, vertel hy met stralende oë: "Ek het goeie nuus gekry. Die bloedtoetsresultate het vandag teruggekom". (Net voordat ek geland het, moes Pappa weer vir bloedtoetse gegaan het.)

Ek het dadelik begin op en af spring – letterlik!

"My PSA-telling is af na nul punt ses!" Van ses-en-dertig na nul punt ses!

Ons vier 'n vreugdefees! Net ek, Niki, my sussies, hul gesinne en Pappa en Mamma om die vreugdefees, die oorwinningsfees, die genade-fees te vier: medies-wetenskaplike bewyse dat my pa kankervry is! Ons eet koek en klink glasies, ons lag en huil en sing en dans. Dit is 'n heilige, hemelse vreugdefees!

Ek kyk Pappa in sy oë en sê met my hand op syne: "Pappa, vandag het die koninkryk van die hemel tot by ons gekom!"

Pappa kyk na my met dankbare oë en sê: "Ek weet presies wanneer ek genees is."

Almal luister met afwagting. "Die presiese datum of tyd kan ek nie vir julle gee nie. Maar so paar weke terug het 'n man by my kantoor ingestap. Hy self het ook geworstel met prostaatkanker. Ons het in 'n gesprek betrokke geraak en hy het nie baie hoopvol geklink nie. Ek het hom vas in sy oë gekyk en vir hom gesê: 'Ek weet wat die Here vir my beplan! Hy het vir my 'n toekoms en 'n verwagting[105] en God se Woord kan nie lieg nie!' Die oomblik toe ek hierdie woorde gespreek het, het ek gevoel hoe die pyn my liggaam verlaat het – en dit het nie weer teruggekom nie!"

HERE, Here! toe u die geloof van Chris Viljoen se dogters gesien het, het U vir my pappa gesê: "Staan op en loop! Word gesond!" Maar eers toe Pappa U lewegewende, genesende woorde SPREEK, kon hy voel hoe die siekte sy liggaam verlaat.

Wanneer ons ons oorlog wen, moet ons nooit vergeet om 'n vreugdefees te vier nie! Soos daardie een melaatse moet ons omdraai en sê: "Dankie, Here!" Soos die Israeliete die Pasga gevier het om hul uittog uit Egipte en hul verlossing van slawerny te vier, soos hulle oesfeeste gevier het aan die begin en einde van die oesseisoene, soos hulle die Purimfees gevier het om te herdenk dat hulle van algehele uitwissing gered is, so moet ons ons vreugdefeeste vier om dankie te sê vir elke stukkie genade aan die einde van 'n verwoestende storm.

'n Dankseggingsfees gee ons nie net kans om God se wonderdade te onthou nie, maar ook om te ontspan na die harde reis en net lekker partytjie te hou!

Vir 'n paar dae ry ons almal die oorwinnende genesingsgolf. Ons vreugde ken geen einde nie. Maar klein jakkalsies was klaar weer besig om die wingerd te verniel. Om die waarheid te sê, hulle het al die dag van die goeie nuus begin.

Hoofstuk 12

Ebenhaezer

Die volgende paar dae is gevul met reëlings vir die naweek. Ek betrap Pappa en Mamma kort-kort waar hulle bekommerd gesels. Dalk die finansiële las van die groot partytjie so na aan die einde van die jaar? Ek bied aan om vir die blomme te betaal. Verder help ek Mamma waar ek kan.

Saam gaan kies ons tafelversierings om te huur. Mamma lyk vir my lewensmoeg. Sy is oneindig dankbaar vir Pappa se genesing, maar sy het haarself afgeskeep. Bekommerd loer ek na die donker kringe onder haar oë en die moegheid wat vlak agter die skitterblou van haar oë lê.

"Mamma, moet Mamma nie bietjie vir bloedtoetse gaan nie? Het Mamma al Mamma se suiker laat toets?" Maar soos altyd, praat sy dit weg en wanneer ek vasskop en op 'n antwoord aandring, sê sy net in so 'n temerige stemmetjie: "Ja-ja-nee, goed, my skat."

Hierdie sêding kom uit een van die toneelstukke wat ons saam met Pappa en Mamma gaan kyk het toe ek nog op skool was. Die hoofkarakter in die stuk se vrou het baie met hom geraas. In 'n gedweë, temerige stem het hy telkens geantwoord: "Ja-ja-nee, goed, my skat." Dit het 'n sêding in ons gesin geword wanneer een aanhou kerm oor iets en die ander een kammakastig instem om die vrede te bewaar. As Mamma eers dít sê, dan weet ek die saak is hopeloos.

Uiteindelik – of liewer gouer as wat ons wou – breek Saterdagoggend aan. Die vorige dag het hulle 'n groot markiestent agter in die tuin kom opslaan en tafels en stoele afgelaai. Vroeg-vroeg begin ons tafels en stoele regskuif soos Mamma dit wil hê. Ek begin om die gehuurde tafeldoeke oor te gooi en die tafels te dek. Baie borde, baie eetgerei, baie glase. Ons treë-tellers werk oortyd.

Tussen Mamma en Lin het hulle meer as genoeg glase, so ons het dit nie ook gehuur nie. Ons laai skinkborde vol glase en stap versigtig af ondertoe. Van Lin se trou-glase is op die eerste skinkbord wat ek moet afdra tuin toe. Vier grootbol-glase met lang, groenkleurige stele was 'n trougeskenk van een van haar boesemvriendinne. Soos ek die skinkbord wil optel, val een glas om en die steel breek. *Mag die aarde my insluk!* Ek voel verskriklik sleg. Lin sê dit is oukei, dis net glase. Vol berou, weier ek om verder glase te dra: "Ek is te bang ek breek nog van hulle!"

Kwaai berispe sy my: "Man, jy het nie 'n gees van vreesagtigheid ontvang nie, maar van krag, liefde en selfbeheersing!"[106] Sy dring aan dat ek die glase self dra. Kyk, as jy nou my baba-sussie in kwaai juffrou-houding wil hê, moet jy die woorde "Ek is bang!" uiter. Ek haal diep asem en blaas dit stadig uit terwyl ek 'n skietgebedjie opstuur. Gelukkig breek ek niks verder nie!

*

Nie lank nie of die eerste familie begin opdaag. Die gesels word al luider soos meer motors arriveer. En ek is hier! Net twee maande gelede was Pappa nog te siek om te vlieg, kon hy nie sit nie en het my twee-jaar-lange plan om hulle Nieu-Seeland toe te bring vir hul sewentigste verjaardae in duie gestort! Dit het gevoel of ons besig was om in die storm te vergaan.

Nietemin, ons het nooit ons oë van Jesus afgehaal nie. Ek het myne miskien soms styf toegeknyp, maar ek het nooit Jesus se soom gelos nie. Of ek nou op Sy skoot opgekrul was of plat op die vloer voor Hom gelê het – ek het Hom nooit gedurende ons storm gelos nie.

DIT was ons redding - nié die kankerbossie óf 'n gesonde leefstyl óf hormoonterapie óf bioplasma-behandeling nie. Ja, dit het alles bygedra om sy liggaam sterk te maak en die kankerselle te vernietig, maar Pappa se genesing was van God. Die dokters kon dit nie glo nie, maar ons kon!

Die hele Saterdag lank vier ons 'n onbeskryflike dankfees. Familie wat ek jare laas gesien het, val my om die hals. Ons spog met ons kinders en lag oor ons plooie. *Here, U het ons uit ons sokkies uit geseën!*

In 'n ommesientjie is dit tyd om te eet. Ons begin stadig maar seker almal vra om aan te sit. Sjampanjeproppe begin skiet en glasies word gevul. Ons het die tafels so gedek dat die sussies langs mekaar, reg oorkant Pappa en Mamma en in die middel van die lang tafel sit, met ons gesinne weerskante van ons. Die res kon maar sit waar hulle wou.

Net toe ek wil opstaan om die heildronk op Pappa en Mamma in te stel, maak Pappa my eers stil en staan op om self almal welkom te heet en sy getuienis te deel. Gehoorsaam gaan sit ek eers weer.

Kyk, as daar een ding is waarvan die Viljoens hou, is dit praat – veral om aan die woord te wees. Pappa is voor in die koor wanneer dit by toesprake en heildronke kom. Nodeloos om te sê, pink almal 'n traan weg. Die sjampanje roep reeds om gedrink te word, maar ek het 'n verrassing vir hulle as hulle dink ek gaan hulle binnekort laat begin drink. My laaste kans vir 'n heildronk was meer as elf jaar gelede; ek hoop hulle sit lekker!

"Liefste Familie en Vriende," begin ek. "Ek het elf jaar se verjaardae en spesiale geleenthede misgeloop, so maak julself reg vir 'n lang en emosiebelaaide heildronk. As jy dors is, kry eers iets om te drink; as jy reeds knyp, gaan piepie gou; as jy staan, moet jy dalk liewers kom sit.

"Ek het baie om te sê – nie net omdat ek 'n Viljoen is nie, maar omdat hierdie twee mense wie se sewentigste verjaardae ons vandag hier vier – my pa en ma – is wie hulle is. Daarom het ek maar liewer dit wat gesê moet word, neergeskryf. Ek gaan my bes probeer om daarby te bly – so nie mag ek dalk *ver* voetpaadjies met hierdie heildronk gaan stap en gaan julle vandag nooit eet nie."

'n Paar familielede het reggeskuif en saggies onderlangs gelag.

"Juis omdat my pa en ma is wie hulle is, wou die vyand maak dat ons amper nie vandag hier kon sit nie." Ek besluit om tydens my opsomming van ons krisisjaar 'n bietjie komiese verligting te bring deur dit as 'n lawwe rympie te vertel:

"Want op Vrydag, twaalf April val 'n staalhek op Pa se kop.
Maar sewe engele daag onverwags op
En soos die duiwel yskoud om my hart kom vat
Sê 'n sterker stem: 'Wees stil! En weet: Ek is God!'
Kryger-engele meld dadelik vir oorlogvoering aan
En voor meeste kon gaan kuier, word Pappa al ontslaan.
Binne weke wou slegte nuus weer ons vrede kom steel
Maar toegevou in Jesus-bloed
is die siekte haas te vlug op voet!"

Ek haal asem en kyk ernstig na my familie rondom my.

"Ons het 'n Eregas hier vandag. Nie net is Hy ons heel beste Vriend nie, maar op Woensdag, 20 November – op Pappa se verjaardag – het Hy die grootste geskenk met strikke wat tot in die hemele strek, voor Pappa se voete kom aflaai. Toe Pappa daardie geskenk oopmaak, het die Koninkryk van Jesus Christus, ons Here, tot by ons gekom! Die nuutste mediese verslag het 'n PSA-telling van nul punt ses getoon. My pa is genees van kanker en die laaste skandering was skoon!

"Ons gesin het Woensdag so feesgevier! Ons het gesnik soos ons huil – nog meer trane gelag – gedans en gejubel en oor en oor dankie gesê.

"Nie te lank gelede nie was my pa se PSA-telling ses-en-dertig en het 'n skandering getoon dat die kanker deur sy liggaam versprei het. Ons het letterlik daardie verslae met rooi hale doodgetrek, gekies om op al God se beloftes te staan en Hom te herinner aan Jesus se wonderwerke. Ons het geglo dat Hy Pappa *wou* genees.

"Voor die skeptici het my pa hardop en met volle oortuiging Jeremia 29 vers 11 aangehaal en gesê: 'Ek wéét wat die Here vir my beplan: voorspoed en nie teëspoed nie. Hy sê Hy het vir my 'n toekoms en 'n verwagting en God kan nie lieg nie!' Op daardie oomblik het die pyn uit my pa se liggaam gewyk.

"Jesus self het gesê: 'Waar twee of drie in My Naam saam is, daar is Ek' en 'die gebed van die gelowige het 'n kragtige uitwerking!'[107].

"Ons het saamgestaan. Ons het mekaar deur hierdie ding gedra. Wanneer een van ons plat op sy of haar gesig was, het die ander ons gedra.

We raised a hallelujah in the presence of our enemy.
We raised a hallelujah louder than the unbelief.
We raised a hallelujah and death lost its hold on us.
We raised a hallelujah and heaven came to fight for us![108]

"So vandag kom julle om baie meer as Pappa en Mamma se sewentigste verjaardae te vier. Vandag vier ons veral dat die Koninkryk van die hemele tot by ons gekom het!

"2019 het glad nie uitgewerk soos ek dit beplan het nie. Ek moes my weldeurdagte planne laat vaar en leer om te *let go and let God*. En hier is ek vandag om hierdie drie-dubbele fees saam met julle te vier!

Maklik en sonder voorval is egter nie hoe ek my reis tot hier sou beskryf nie. Die laaste twee maande was omtrent 'n avontuur!"

Ek besluit dit is weer tyd vir 'n bietjie komiese rympie-verligting:

"Ons huis in Hamilton het skielik verkoop -
Die nuwe inwoners wou in - so ons moes pak en loop!
'n Korttermyn, gemeubileerde huurhuis was swaar te kry
Veral met elf Alpakkas en twee katte daarby!
So kamp ons oppie strand in ons karavaan
Tussen *homeschool* en huissoek het dit rof gegaan!
Die eerste drie dae was die weer nog reg,
Maar na vier weke waai ons helemal weg!
Ons hol oor die strand om ons klere te vang
Terwyl die tent verkeerde kant van die karavaan af hang!
Dit was die einde van ons kamp-avontuur.
Geluk op genade kry ons 'n plekkie te huur.
Die koop gaan deur – ons het 'n huis gekry!
Maar sou tot einde November in die huurhuis bly.
Twee weke voor ek vlieg, hoor ek: die huis registreer!
Twee *dae* voor jy vlieg, moet jy intrek, Meneer!

Benoud SMS ek my ma:
Hoe op dees aarde kry ek als kla'?
Maar net vier woorde van haa'
gee al die moed wat dit vra:
'My kind, jy kan!'

"En siedaar, hier is ek! Al die meubels op hul plek! Die bokse staan die wêreld vol, maar ons is ingetrek in Auckland en kon betyds hier uitkom om hierdie spesiale dag saam met julle almal – en veral saam met die belangrikste twee mense van die dag, Pappa en Mamma - te vier."

Ek haal weer diep asem en verskuif my blik na Mamma, hier reg voor my. Haar liefderyke, skitterblou oë hou myne vas en ek skep moed om sonder trane die volgende te sê:

"Mamma...

"Dankie dat Mamma my eerste veilige tuiste was. Met ongeveer tweehonderdduisend aborsies per dag[109] is die heel gevaarlikste plek in die wêreld vandag om in 'n mamma se baarmoeder te wees. Dankie dat ek veilig in Mamma s'n kon wees.

"Ek kyk om my en sien mense wat dalk nog nooit gebid het nie. Dankie dat Mamma my geleer bid het.

"Vandat ek kan onthou, was ek gek oor lees. Ek het gedink dat mense wat nie van lees hou nie baie dom is, want met jou neus in 'n boek kan jy na enige plek in die heelal ontvlug! Totdat ek eendag vir so iemand gevra het: 'Het jou mamma nooit vir jou stories gelees nie?' Dit was eintlik grappenderwys bedoel, maar ek was geskok toe die antwoord heel ernstig kom: 'Nee, sy het nie.'

"Oor die jare moes ek ontnugterd besef: baie mammas doen dit nie! Dankie dat Mamma elke dag vir ons stories gelees het – totdat ek eendag heel verontwaardig vir Ma gesê het: 'Ek kan self!'" Mamma se mond glimlag, maar haar oë het daardie trek wat net 'n ma van 'n baie hardkoppige en eiewyse kind verstaan.

"'n Mens aanvaar baie dinge sommer net as vanselfsprekend. Ek *homeschool* vir Niki," sê ek terwyl ek na die ander om my kyk, want ek is seker nie almal van hulle is daarvan bewus nie. "Niki het die gewoonte om, telkens wanneer iemand iets nie behoorlik doen nie, of iets nie weet nie of onvanpas optree, te sê: 'Hulle mamma het hulle seker nie *ge-homeschool* nie.'

"Oor die jare het ek besef: Soveel mense se mammas het hulle doodeenvoudig nie sekere dinge geleer nie! Dalk oor hulle nie mammas gehad het nie; dalk oor hul mammas self nie van beter geweet het nie."

"Ek kyk Mamma weer vol in haar oë en besef dat sy nog nie 'n oomblik weggekyk het nie. Haar oë skitterblou net effe meer as netnou.

"Daarom sê ek vandag: Dankie! Dankie dat mamma my geleer het om my eie bed op te maak, skottelgoed te was, in die kombuis te bak en brou, tuinwerk en *spring cleaning* te doen en van die ongeskrewe reël wat al te dikwels maan: ''n Mens doen dit nie.'"

Terwyl my oë die res van my familie s'n ontmoet, getuig ek nadruklik: "Deur haar voorbeeld het my ma my geleer dat 'n mens nie heeldag in jou pantoffels en pajamas rondslof nie en dat jy nie jou neus by die deur uitsteek sonder dat jy ordentlik lyk nie."

My oë kyk weer na Mamma en my onthou gaan ver terug: "Dankie vir al die klere wat Mamma vir my gemaak het. Al was daar nie geld vir nuwe klere koop nie, het Mamma gesorg dat ons altyd goed versorg en geklee was. Dankie vir die spesiale kinderpartytjies – of daar geld was of nie."

Trots vertel ek die familie meer oor die Mamma van my kleintyd: "My ma het altyd alles vir die partytjie self gemaak – altyd 'n tema – altyd met soveel moeite en liefde."

My oë ontmoet Mamma s'n weer: "Dankie dat Mamma daar was toe ons siek was en vir al die Marie-beskuitjies en rooibostee om ons reg te dokter. Dit het altyd baie beter as antibiotika gewerk," knipoog ek.

"Dankie vir al die rondryery – skool toe, ballet toe, sport toe, redenaarskompetisies- en toneel toe. Dankie dat Mamma daar was deur tye toe ek op my laagste was – soos toe ek so vrek siek was met my prokureurstoelatingseksamen en Mamma elke dag saam met my daardeur geworstel het." Mamma se oë weerspieël die onthou – die eina van my hartskrisis en die stukke wat sy so desperaat probeer optel en bymekaarhou het.

"Julle, ek was so siek!" betrek ek weer die familie. "Ek het geleer tot ek nie meer kon nie en dan vir my ma gesê: 'Ek gaan nou slaap, maak my asseblief wakker net voordat ek moet gaan skryf.' Dan het ek opgestaan, 'n *Red Bull* gedrink en met God se genade en Mamma se 'My kind, jy kan!' gaan skryf."

Met vlak trane vol baie onthou kyk ek vir Mamma: "Ek onthou nog die keer toe Mamma my na daardie laaste vraestel kom haal het en ek vir Mamma gesê het: 'Ons het dit gemaak, Mamma!' *Ons…nie ek alleen nie…*" Ek kyk sluk-sluk af en soek kamstig my plek op die papiere voor my. *Mamma onthou…*

"Dankie dat Mamma kans gesien het vir nog kinders na hierdie eiewyse, hardkoppige enetjie haar verskyning gemaak het, want anders het ek al die avonture saam hierdie twee sussies misgeloop! Bo alles: dankie dat Mamma deur al die op- en afdraandes by my pa gebly het."

My oë gaan oor die vroue rondom my – almal vroue wat die prys ken – of hulle nou gebly of geloop het. Elkeen dra haar eie las, haar eie storie en haar eie glorie. Ook ek en my ma.

"Die vrou wat vir my die beste voorbeeld was van 'n vrou wat lojaal aan haar man is en hom in alles ondersteun, al stem sy nie altyd met hom saam nie, was my ma. Glo my, kinders weet soms meer van die uitdagings in hul ouers se huwelik as wat die ouers self besef." My oë vertel vir Pappa en Mamma dat ek meer van hul elkeen se opoffering verstaan as wat hulle dalk gedink het ek doen.

"Ek is nou al ses-en-veertig jaar lank 'n getuie van hierdie huwelik. Soos die meeste van julle weet, moes ek maar 'n paar keer oefen voordat ek hierdie getroud-wees-ding kon regkry, maar een van die hoofredes waarom ek en Rudi nou al byna vyftien jaar getroud is, is die voorbeeld wat deur my ma en pa gestel is."

'n Paar familielede lag weer saggies onderlangs, maar hul oë is vol deernis en liefde.

"Ek en my ma het hierdie week lekker *trips down memory lane* gedoen toe ons 'n boks vol foto's deurgegaan het. In die proses het ek op hierdie gedig afgekom wat ek op Moedersdag 2002 vir my ma geskryf het:

Net maar my Ma

Saggies, knus, warm toegewikkel
in jou moeder-baar-kombers -
Jy het my eerste liefgehad –
my eerste onder jou hart gedra.

En ek was eerste om van jou skoot te klim
en hartseer ma-trane in jou oë te sien glim
en jou kinder-onskuldig, groot oë
met onmoontlike grootmens-vrae te pla.

Net maar my ma –
en ek – jou eerste kind!
In jou – deur jou – uit jou.
Vlees uit vlees – ewig aan mekaar gebind!

Kyk na my – kyk binne my:
Jy het my eerste liefgekry!
En ek sou eerste jou hart breek.
Vir my sou jy eerste om genade smeek.

En nou kyk ek na jou – en ek sien jou
as hierdie aarde se mooiste vrou!
Vir jou is die moeilikste bloed gegee om lief te hê.
Jou bloed – wat elk sy eie sê sou sê.

En ons ander bloed – ons pa –
sou selfs meer as ons van jou vra.
Maar jy – ons ma – het immer nederig
saggies aan ons almal bly dra.

En hier staan ek – nou ook 'n vrou –
en kyk na jou – mooiste vrou –
en kinder-benoud vra ek my ma:
Sal ek ooit met soveel liefde kan dra?

Maar dan kyk ek in jou oë
en jy kyk binne my
en ek sien 'n allermooiste deel van my!
Die ma – mý ma – het my dan eerste liefgekry!
Met geloof, hoop en liefde kom ek hierdie dag
En wens Mamma die allermooiste sewentigste verjaardag!"

Nou lê die trane sommer vlak in Mamma se oë. Ek bid dat ek alles gesê het wat sy wou hoor, alles wat sy verdien het om te hoor. Want ek wil nie eendag op haar begrafnis vir ander vertel wie sy was nie. Ek wil in haar oë kyk en nou en hier alles vir haar sê wat ek ooit wou sê!

Nog 'n diep asemteug gee my die nodige moed vir die tweede deel van my heildronk. My oë verskuif na die man wat ek eerste liefgehad het – en nooit kon ophou liefhê nie.

"Pappa…

"'n Mamma is nou wel haar kind se eerste veilige vesting, maar 'n Pappa is die eerste man vir wie sy dogter lief word - en vir die meeste van ons, bly hy regdeur haar lewe haar eerste en grootste liefde.

"My jongste herinneringe aan Pappa is toe ek elke middag na skool vir Pappa by die trappies gaan wag het, nadat ek heeldag gekerm het: 'Mamma, wanneel kan ek vir Pappa by die tlappies gaan wag?'

"My vroegste herinneringe aan die winter is Pappa in Pa se bruin skaapvelbaadjie, terwyl Pa my klein, koue handjie in Pa se groot, warm hand toegevou het. Dit was die veiligste plek in die hele wêreld!"

Spottend spreek ek die ander weer aan: "Op skool moes ek tot my ontsteltenis uitvind die meeste kinders vind geskiedenis vervelig." 'n Paar diesulkes lag gemaak-verontwaardig. "Ek het egter 'n pa gehad wat my op sy skoot getel en die storie van Racheltjie de Beer so mooi vertel het, dat ek nie net snot-en-trane getjank het nie, maar dat dit vir altyd my gunsteling-storie gebly het. Hier binne-in my is 'n skatkis vol pragtige stories uit die verlede – baie daarvan deur my pa vertel.

"By meeste plekke in hierdie land was ek reeds gewees, want my pa glo die pad vakansieplek toe neem jou op 'n reis – en nie net na 'n bestemming nie.

"My liefde vir sang en mooi musiek het ek by Pappa gekry. Viljoen-familiekuiers word altyd gekenmerk deur musiekinstrumente en lekker saamsing. My gunsteling liedjie is en sal altyd die een wees wat my pa die mooiste speel en sing: 'Sweet Lijlanie'. Kort op haar hakke is 'Sweet Caroline' – my en Pappa se dansliedjie.

"'n Paar van julle hier deel een van die ander groot liefdes wat Pappa by my kom vestig het: motorfietsry. Ek was bitter klein toe ek die eerste keer saam met Pappa agter op die motorfiets begin ry het. My arme ma – want ongeag hóé spesiaal die ritte saam met my pa was, sou *ek* nooit *my* klein dogtertjie agterop enige motorfiets laat ry het nie! Gelukkig het *haar* pa tot nou toe nog nie een gekoop nie!" voeg ek verlig by.

Pappa se oë reflekteer my blonde haartjies wat onder die valhelm uitwaai. Saam ry ons weer ver paadjies terug. "Dankie vir al daardie spesiale ritte waar dit net ek en Pa was – sonder woorde." Pappa sluk hard aan die knop in sy keel. Ek kyk liewer vir die ander en vertel weer 'n komiese verhaaltjie.

"My pa het my ook geleer om skool te *bunk*!" Geskok trek 'n paar mense hul asems skerp in en staar my ongelowig aan, want almal weet hoe 'n streng skoolhoof en pa mýne was!

"My liefde vir die langpad het op 'n ouderdom begin wanneer die meeste ander kinders ver ry verpes. Mamma het my donkernag kom wakker maak wanneer dit nog koud was. Sy het my 'n kortbroek en T-hemp onder 'n warm sweetpak laat aantrek, vir wanneer die son later opkom en ek dalk tydens ons reis warm broei. Dan het ek ewe belangrik saam met Pappa voor in die bakkie gery –

hoogspringmatte hoog gelaai op pad na die een of ander plattelandse hoërskool toe. Die reis het altyd vir my drie hoogtepunte gehad:

"Die eerste was wanneer ons by 'n kafee stilgehou het om 'n draaitjie te loop en koeldrank te koop. Die tweede was wanneer die tannie by die skoolkantoor vir my ook tee maak en ek ewe groot-mevrou saam met Pappa in die hoof se kantoor sit en tee drink. Maar die beste van die kafee-stop: *Pinball*! Kyk, as die kafee nie 'n *pinball*-masjien gehad het nie, moes ons 'n ander kafee soek, want *pinball* speel was 'n instelling tydens so 'n uitstappie.

"Dit is juis ons verknogtheid aan hierdie tradisie wat daartoe gelei het dat my pa my geleer het om skool te *bunk*. Een oggend sit ek ewe mooi ge-uniform aan die ontbyttafel toe ek hoor Pappa gaan weer hoogspringmatte aflaai. Groot was my ontnugtering toe ek hoor dat ek nie mag saamgaan nie omdat ek kwansuis skoolpligtig was! Ek dink Pappa kon sien dit was vir hierdie klein mensie die einde van die wêreld, want hy het my een kyk gegee en my kamer toe gestuur om gewone klere aan te trek en my offisieel die dag laat *bunk*! Offisieel – want hy het die skoolhoof gebel en hom ewe ordentlik meegedeel dat ek die dag gaan *bunk* om hoogspringmatte af te laai en *pinball* te speel!"

Ek kan sien dat nie almal hierdie storie geken het nie en dat party selfs twyfel aan die waarheid daarvan, maar die wat onthou, se oë het stout gevonkel.

"Alles wat Pappa my geleer het, het hy goed gedoen. Wel, dit moes goed gewees het, want dit het *ge-stick*. (Nou nie die *bunk*-ery nie – want ongelukkig het my pa besluit om self skoolhoof te word. Al die onnies onder ons weet maar te goed: jy vang nie 'n onnie met sy eie *trick* nie!). Weer het almal lekker gelag.

"Pa het my geleer dat wanneer tragedie tref, dit oukei is om jou hart goed uit te huil. Daarna gaan was jy jou gesig, maak jouself mooi, trek jou skouers reguit en kyk die wêreld vierkantig in die oë – alles natuurlik met jou hand stewig in ons Hemelse Vader s'n.

"Dis hoekom almal van ons in hierdie gesin ook hierdie jaar met reguit skouers, 'n toekomsverwagting en hoop kan afsluit, want 'n Viljoen kruip nie in die skuit weg wanneer die storm losbars nie. Ons hou ons oë op Jesus – en loop op die water! *Ok, I'll admit it* – ons is nie baie goed met loop nie – ons hardloop die meeste van die tyd!"

Weer klink 'n gelag op, want almal weet maar te goed dat ek, my pa en Lin se 'gewone stap' vir ander rondom ons meer na 'n 'vinnige drafstappie' lyk.

"In die proses kom ons dalk sopnat aan die anderkant uit, *but we always conquer*!

"Glo dit of nie, maar beide Pappa en Mamma het deur die jare baie wyshede kwytgeraak," spot ek 'n bietjie. "En al was daar dalk ten tye rollende tiener-oë agter hul rûe of 'n gefrustreerde 'Ag, Ma!' het ek deur die jare geleer om telkens na hul wyshede terug te keer.

"Ek is ses-en-veertig en het nog steeds albei my ouers, wat nog steeds met mekaar getroud is. En raai, hulle lyk darem nie te ongelukkig nie!" spot ek weer terwyl ek in Pappa en Mamma se oë lag.

Dan gaan my oë weer ernstig oor die tafel: "Nie baie mense van my ouderdom kan dit sê nie.

"Lig asseblief 'n glasie saam met my. Maar wag voordat jy te opgewonde raak en te vinnig begin drink – ek is nog nie klaar nie!

"Lig 'n glasie saam met my, my sussies en ons mans - op ons Pa en Ma;

"Lig 'n glasie saam met Rudo en Niki, Michael, Nathan, Gadduell en Keara, Christiaan en Linieke, op hul Oupa en Ouma;

"Lig 'n glasie op Chris en Petro – 'n broer, 'n suster; 'n oom, 'n tannie; 'n peetpa, 'n peetma; 'n vriend en vriendin.

"Pappa en Mamma, veels geluk met sewentig vol jare. Mag God, ons liefdevolle en barmhartige Vader, vir Pappa en Mamma in oorvloed seën met GESONDHEID, 'n lang en gelukkige lewe – en baie agterkleinkinders!

"Op my pa en ma!"

Epiloog
Die Woestyn

Klein jakkalsies…

Daar was baie mense wie se reaksie op Pappa se goeie nuus was om in lofprysing uit te breek. Daar was egter ook heelwat mense – party baie na aan Pappa – wat veronderstel was om in wonderwerke te glo, maar nie wou glo nie. Party het Pappa selfs aangekyk asof hy in ontkenning geleef het en daar was ander wat gesê het: "As hy regtig kanker gehad het…"

Oukei, die medici kon seker foute gemaak het. Die bloedtoetse wat elke keer 'n hoër PSA-telling getoon het (die laaste een voor die nul punt ses was ses-en-dertig!) was dalk elke keer foutief. Die dokter wat die biopsie gedoen en gesien het dat die kanker in die kliere en been was, het dalk 'n nuwe bril geskort. Die MRI se lense was seker vuil (dié dat daar soveel swart kolle was) en die interpreteerder van die MRI-resultate was seker maar net 'n eindtyd-doemprofeet! Die onkoloog wat vir my pa gesê het chemo was sy enigste hoop, die mediese fonds wat nie geld wou mors op bestraling vir iemand wat volgens hulle in elk geval nie lank oor het nie…o, en al die simptome en pyn en ongemak was seker maar net in my pa se kop? Gmf!

Een aand, skaars 'n week nadat Pappa kankervry verklaar was, het hy geïrriteerd vir my gesê: "Die mense glo nie dat die Here my genees het nie." Hy was kwaad en het gevoel dat hulle God se wonderwerk goedkoop maak. Dit was asof party mense baie eerder bejammeringspartytjies wou hou as om dankseggingsfeeste te vier.

Pappa se aanvanklike vreugde is deur ontsteltenis en woede vertroebel. Een oggend, gedurende my stiltetyd, het die Heilige Gees my deur die evangelie van Markus geneem en my daaraan herinner dat Jesus gedurende sy drie-jaar-tydperk saam met die dissipels hulle minstens drie keer vertel het dat hy doodgemaak gaan word, maar op die derde dag sal opstaan:

Markus 8:31: "Jesus het hulle toe begin leer dat die Seun van die mens baie moet ly, dat Hy deur die familiehoofde en die priesterhoofde en die Skrifgeleerdes verwerp moet word en doodgemaak moet word, en drie dae later moet opstaan."

Markus 9:31: "Hy het sy dissipels geleer en vir hulle gesê: 'Die Seun van die mens word in die hande van mense oorgelewer, en hulle sal Hom doodmaak; en drie dae nadat Hy doodgemaak is, sal Hy opstaan.'"

Markus 10:33-35: "Kyk, ons gaan nou Jerusalem toe. Daar sal die Seun van die mens aan die priesterhoofde en Skrifgeleerdes oorgelewer word, en hulle sal Hom tot die dood veroordeel en Hom aan die heidene uitlewer. Dié sal met Hom spot en op Hom spoeg en Hom slaan en Hom doodmaak. En drie dae later sal Hy uit die dood opstaan."*110*

Die Heilige Gees het met 'n glimlag vol deernis met my gesels en vir my gesê: "Moenie kwaad word vir die wat nie wil glo nie. My dissipels, wat Ek self met die hand uitgekies het, het drie jaar lank by my voete geleer, geluister en my bediening saam met my beleef. *Drie* keer het Ek uitdruklik vir hulle vertel wat gaan gebeur, maar toe Ek aan daardie kruis sterf, toe vergeet hulle alles!

"Toe Maria vroeg die oggend van die derde dag vir hulle gaan vertel: 'Jesus het opgestaan!' wou hulle haar steeds nie glo, of onthou wat Ek hulle persoonlik vertel het nie. Ek het toe self aan hulle verskyn waar hulle agter geslote deure weggekruip het. Maar arme Thomas wou nie eens al elf van hulle glo nie – wat nog te sê 'n vrou glo! Toe verskyn Ek persoonlik aan Thomas en nooi hom uit om aan My te kom raak en te voel dat dit Ek is. As hulle – wat so na aan my geleef het – nie dadelik kon geglo het nie, hê geduld met diegene wat langer neem. Ek ontmoet elkeen daar waar hulle is."

Na werk het ek hierdie nuutgevonde insigte met Pappa gedeel. Hy het egter koers gekies woestyn toe - grot toe - en deur diep dinge begin worstel. Ek wou so graag hê ons vreugdefees moes langer duur!

Liefderyk het die Heilige Gees my weer aan die hand geneem en my herinner aan Elia wat ook die woestyn in is. Na sy reuse oorwinning oor die Baäl-profete, het Elia ook in 'n grot gaan wegkruip. Met nuwe insig het ek weer die verhaal van Elia in 1 Konings 18 en 19 bestudeer.

Dit vertel hoe Elia wonderwerk na wonderwerk beleef het. Eers was daar die vuur uit die hemel wat sy altaar en offer heeltemal verteer het toe hy God *een* maal aanroep. Dít nadat die Baäl-profete heeldag tevergeefs hul 'god' aangeroep het! Daarna het Elia vir reën gebid en na drie jaar se droogte het dit gereën! Te midde van die stortreën het God vir Elia met soveel krag gevul dat hy voor die koning se wa uitgehardloop het! Dit alles het op één dag gebeur.

Die volgende oomblik het 'n *vrou* gedreig om Elia dood te maak omdat hy haar Baäl-profete vermoor het – en skielik het hy alleen die woestyn in gevlug. Daar het hy onder 'n bos gaan lê en gewens hy gaan dood! Uiteindelik het die moegheid Elia oorval en het hy aan die slaap geraak. Nadat hy gerus het, het 'n engel hom twee maal wakker gemaak en vir hom kos gegee. Hierdie kos het hom so versterk dat hy vir veertig dae en veertig nagte kon aanhou loop tot by Horeb, die berg van God. Nog drie groot wonderwerke wat Elia beleef het!...En daar by God se berg het Elia in 'n grot gaan wegkruip.

Dit was asof Elia gedurende hierdie tydperk vasgevang was in 'n geestelike dimensie van wonderwerk op wonderwerk. Wonderwerke – onbeskryflik groot! Maar die mens Elia het woestyn in gevlug en vir veertig dae gestap tot in sy grot. Daar het God hom kom uithaal en hom persoonlik, in al Sy Godheid kom ontmoet!

Geleidelik het ek besef: Hierdie was my pá se *journey*. Ek kon hom nie verder help nie...Hy het al meer van my onttrek die woestyn in – in sy grot in – en ek kon niks daaraan doen nie...

Toe kom ek maar huis toe.

Na ons groot wonderwerk was daar vir my ook – soos vir my pa en soos vir Elia – 'n 'Wat nou?' oomblik. Terug by die huis moes ek deur my eie woestyn worstel…en die Here het ook vir my uit my grot kom haal en my gebring tot waar ek vandag hierdie verhaal kon verwoord.

Vir jou mag die rede vir jou woestyn dalk baie anders lyk. Jy mag dalk 'n woestyn-tydperk ervaar omdat jy glo God het nie jou gebede verhoor nie.

Of dalk raak jou oorlog net te lank?

Hou goeie moed! Selfs die Israeliete het na veertig jaar tog die Beloofde Land ingegaan. Vir God gaan dit nie oor ons aardse doelwitte of bestemmings nie; vir Hom gaan dit oor ons hemelse, ons ewige bestemmings. Ons aardse 'doelwitte en bestemmings' is vir God bloot deel van ons reis.

Liewe Leser, ek het nie die antwoorde op al jou einas en vrae nie. Wat ek egter wel weet, is dat wanneer jy lank genoeg by Jesus se voete sit, met vertroue jou hand in Syne sit en bereid is om die pad saam met Hom te stap, een van twee dinge gaan gebeur: óf jy gaan tóg jou antwoorde kry en die eina gaan beter word, óf dit gaan nie meer saak maak nie. Want aan die voete van Jesus sal jy jou vrede vind.

> *"In the presence of the Lord there is joy;*
> *In the presence of the Lord there is peace;*
> *In the presence of the Lord there is healing.*
> *Lord, I stand in Your presence with my life!"*[111]

Eindnotas:

---

[1] Jos.1:9, AFR83.

[2] Rom.8:26; 27; 34, AFR53 – vry vertaal.

[3] Hebreeus vir "Vader"

[4] Jonathan David Helser, Melissa Helser, Jake Stevens en Molly Kate Skaggs. Kopiereg © Bethel Music Publishing.

[5] Sien eindnota 1.

[6] Joh.10:10, AFR53 - vry vertaal.

[7] Hebreeus vir "magtig"

[8] Ps.46:1, NIV.

[9] 1 John 4:4, The Message.

[10] 2 Chronicles 18:4, NIV.

[11] Jes.41:10, AFR83..

[12] Jes.49:16, NBG51.

[13] H. Owens, Sweet Leilani lyrics © Chappell & Co., Inc.

[14] Matthew 21:22, AMPC.

[15] John 14:13-14, NKJV.

[16] John 14:27, GNT.

[17] NKJV.

[18] Heb. 4:16, AFR53 - vry vertaal.

[19] The Devil Saw ME with My Head Down and Thought He'd Won Until I Said AMEN – A Prayer Journal Or Bible Study Notebook. Gepubliseer 12 August 2019. www.google.co.nz/books

[20] Oorspronklike outeur onbekend. Gepubliseer op Twitter deur Fearless Warriors in Christ op 12 Junie 2018.

[21] Hand.3:16, AFR 53 & 4:10, AFR83.

[22] Luk.10:19, AFR53.

[23] Locke G. Sermon Quotes. Gepubliseer 20 August 2019. www.sermonquotes.com

[24] De Edifier. www.deedifiertunes.com.ng

[25] Christian today.

[26] Titel van lied geskryf deur Benny Andersson en Björn K Ulvaeus. Kopiereg © Universal Music Publishing Group.

[27] Sien eindnota 26

[28] 1 Cor.2:2, NIV - vry vertaal.

[29] Sien eindnota 4

[30] Steven Furtick © O/B/O Amcos

[31] Chris Tomlin, Ed Cash en Scott Cash © Capitol Christian Music Group, Music Services, Inc.

[32] Sien eindnota 20

[33] Eph.6:12, KJV.

[34] Sien eindnota 25

[35] AFR53 – vry vertaal.

[36] AFR83 – vry vertaal.

[37] Matthew 8:2-3, HCSB.

[38] Luke 10:19, HCSB.

[39] Rom.8:27, AFR53 - vry vertaal.

[40] Sien eindnota 30.

[41] This is a move. Toney Brown, Tasha Cobbs Leonard, Brandon Lake en Nate Moore. © Bethel Worship Publishing.

[42] Ps.16:6, AFR53.

[43] AFR53.

[44] Prayerful Woman. Gepubliseer op Facebook deur Beauty from Ashes Ministries op 25 Julie 2019.

[45] v. 8-13, AFR83.

[46] Ch.14 v. 32, ESV.

[47] Sien eindnota 44 - eie vertaling.

[48] AFR83.

[49] Sien eindnota 48.

[50] Sien eindnota 43.

[51] Sien eindnota 35.

[52] Hoffmann N. Sweatpants & Coffee: Affirmations for Anxiety Blobs (Like You and Me) 2021.

[53] Word for You Today – Adaptation of The Word For Today BY Bob Debby Gas. Adapted by UCB UK. August, September, October 2019.

[54] Rom.8:26,34, AFR53.

[55] Carman Licciardello © Concord Music Publishing LLC.

[56] Mark 11:22-26, HCSB.

[57] Sien eindnota 48.

[58] Jo Engelbrecht en Johan Vorster. © O/B/O Capasso.

[59] Sien eindnota 41.

[60] Leaf C, Dr. *Switch On Your Brain.* 2015. Baker Publishing Group.

[61] Sien eindnota 48.

[62] Sien eindnota 43.

[63] Joel Osteen

[64] Tierlantyntjies

[65] Rom.5:1-5. AFR83.

[66] Spreuke 19:21, NLV.

[67] Sien eindnota 35.

[68] Sien eindnota 63.

[69] Vgl Josua 6:16, 20, NLV.

[70] Sien eindnota 4.

[71] Derek Prince Ministries. Bible verses and Tags poste by derek Prince. Accessed from www.biblenets.com

[72] Andrew Wommack

[73] 1 Cor.14:32, ESV.

[74] Hebr.11:1, ESV.

[75] Uit "Jesus se Geloofs-Kosmosse. Dag 21. www.m.facebook.com/JesusseGeloofsKosmosse/photos/dag-21

[76] v11-12, DB.

[77] v11-13 & 18-21, DB.

[78] v6, AFR83.

[79] 2 Kor.10:3-5, DB.

[80] Spiritual Warfare by Tonilee Adamson and Bobbye Brooks – www.biblestudytools.com

[81] Marvel Cinematic Universe Wiki. Captain America's Shield. - www.marvelcinematicuniverce.fandom.com

[82] Sien eindnota 28.

[83] Sien eindnota 63.

[84] Sien eindnota 69.

[85] Sien eindnota 20.

[86] Sien eindnota 33.

[87] Sien eindnota 25.

[88] Sien eindnota 21.

[89] Vgl. Rom.8:11, AFR83.

[90] Sien eindnota 37.

[91] Sien eindnota 38.

[92] Sien eindnota 39.

[93] Sien eindnota 31.

[94] Sien eindnota 4.

[95] Sien eindnota 30.

[96] Sien eindnota 41.

[97] Sien eindnota 44.

[98] Ef. 6:16-17, AFR83.

[99] Jak.4:7, AFR53.

[100] Vgl. eindnota 4 – vry vertaal.

[101] Joyce Meyer Daily Devotional 6 May 2022.

[102] Mastercard-slagspreuk 1997.

[103] Sien eindnota 30.

[104] Matt.18:20, AFR83.

[105] Vgl. Jer. 29:11.

[106] Tim. 1:7, AFR53.

[107] Matt. 18:20; Jak.5:16, AFR83.

[108] Sien eindnota 4.

[109] www.who.int/news-room/fact-sheets/detail/abortion)

[110] Sien eindnota 48.

[111] www.ultimate-guitar.com

9 781991 187208